Ralph Sperling

Wechsel-Jahre

Zwischen Stehenbleiben und Weiterziehen

ISBN: 9798841200796
Imprint: Independently published

Für alle,
die durch schwere Zeiten gehen.

Es gibt Hoffnung.
Immer.

Inhalt

1. Vor dem Anfang

Jede Geschichte fängt irgendwo an. Meistens fängt sie vor dem Anfang an. Aber irgendwo muss ich anfangen, sie zu erzählen. Genau genommen ist es keine Geschichte. Es ist ein Teil meiner Geschichte.

Als ich begann, Ideen für dieses Buch zu sammeln, zu gliedern und die ersten Kapitel zu schreiben, wusste ich noch nicht, wie es enden wird. Natürlich hoffte ich auf ein Happy End. Aber es war noch nicht erkennbar, wie das Ende aussehen und ehrlicherweise auch nicht, ob es wirklich happy sein wird. Zumindest nicht im Blick auf das Anliegen des Wechsels.

Nicht, dass ich keine Wünsche oder Vorstellungen hätte. Nicht, dass ich keine Hoffnung hätte. Auch nicht, dass Gott mir keine Versprechen gegeben oder mich vergessen hätte. Es lag schlicht daran, dass ich mich noch mitten im Prozess befand.

Die Seiten dieses Buches sind auch ein Plädoyer dafür, nie die Hoffnung zu verlieren, auch wenn die Zeiten hart sind. Gott ist treu und steht zu seinen Versprechen. Er hat einen Weg. Manchmal ist dieser Weg voll mit Steinen und Hindernissen. Es gibt diese Durststrecken des Lebens. Aber es lohnt sich, weiterzugehen.

Die folgenden Kapitel beschreiben den Weg meines Stellenwechsels, der sich von den ersten Gedanken über Verzögerungen bis zur tatsächlichen Umsetzung über einen Zeitraum von drei Jahren hingezogen hat.

Auch wenn vieles von dem, was ich beschreibe, für mich und meine Familie schwer war, möchte ich keine Schuldzuweisungen vornehmen oder jemanden bloßstellen. Bei aller Offenheit werde ich nichts öffentlich machen, was nicht in die Öffentlichkeit gehört. Daher werde ich diesbezüglich auch keine Namen oder Orte nennen.

Es ist klar, dass es hier um meine Perspektive geht. Ich beschreibe die Dinge aus meiner Sicht. Es sind meine Eindrücke und meine Meinung. Nicht mehr und nicht weniger.

Es mag sein, dass das, was in diesem Buch zu lesen ist, auch auf Bereiche zutrifft, die außerhalb meines Horizontes stattfinden. Es ist aber auch möglich, dass die Dinge innerhalb meines Blickwinkels anders aussehen, als sie sich für andere darstellen. Das ist okay so. Niemand soll sich Schuhe anziehen, die ihm oder ihr nicht passen.

Als ich dieses Buch konzipiert habe, wurde mir klar, dass ich gerade eine Krise durchlebe. Es war nicht die erste Krise und es wird wohl auch nicht die letzte sein. Sie war auch nicht das Schlimmste, was ich mir denken könnte oder befürchten würde. Und doch ist diese Krise so intensiv und prägend gewesen, wie ich es mir nicht hätte vorstellen können.

Trotzdem möchte ich meine Erlebnisse festhalten. Ich möchte sie aufschreiben, um mich an den Prozess zu erinnern. An die Spannungen, die Fragen, die Entwicklungen, an meine Gedanken und Gefühle. Es ist für mich auch ein Weg, die Erlebnisse zu verarbeiten.

Nicht zuletzt soll es auch die Möglichkeit sein, andere Menschen an meinem Erlebten teilhaben zu lassen. Oft war es so, dass ich aus den unterschiedlichsten Gründen kaum jemandem erzählen und schon gar nicht erklären konnte, was in meinem Leben gerade passiert. Es ist schwierig, Dinge, die sich gerade entwickeln oder eben nicht entwickeln, anderen verständlich zu machen. Vieles war noch frisch und unausgegoren. Manches war im Fluss oder schwappte gerade wieder zurück. Hoffnung und Enttäuschung wechselten sich ab. Daher habe ich neben meiner Frau nur wenige Menschen etwas mehr Anteil nehmen lassen. Vielleicht kann ich mit diesem Buch nachholen, anderen Menschen einen Einblick in das Wechselgeschehen zu geben und mir selbst Gottes Handeln in dieser verrückten Zeit bewusst zu machen.

2. Veränderung als Konstante

Man sagt: „Das Einzige, was bleibt, ist die Veränderung.“

Deshalb ist es schön, wenn es einige Konstanten im Leben gibt - zum Beispiel die Familie oder bei mir auch der christliche Glaube. Doch selbst in Familie und Glauben ist es nicht statisch. Beziehungen entwickeln sich weiter. Der Glaube reift. Auch ich selbst wachse. Ich bin nicht mehr der Gleiche, der ich vor zehn Jahren war. Dennoch bin ich immer noch ich. Bei all den Veränderungen, die im Prinzip alle Menschen durchleben - mehr oder weniger -, tut es gut, wenn es bleibende Bezugspunkte und Beziehungen gibt.

In meinem Leben spielt der Wechsel eine prägende Rolle. Ich beziehe mich hier auf die örtlichen Wechsel. Als Kind gab es schon einen Umzug, der einen Schulwechsel zur Folge hatte, dann einen Umzug ohne Schulwechsel. Danach Ausbildung, Zivildienst und Studium. Diese drei waren örtliche Veränderungen, die auch mit neuen Aufgaben einhergingen.

Nach dem Theologiestudium folgte die Gemeindearbeit. Zum Beruf eines Pastors gehört es fast unvermeidlich dazu zu wechseln. Dies ist nicht zwangsläufig, aber in den allermeisten Fällen die Realität.

Es hat durchaus Vorteile, wenn ein Pastor viele Jahre an einem Ort tätig ist. Er kann kontinuierlich gestalten und Prozesse über einen längeren Zeitraum prägen und begleiten. Beziehungen in der Gemeinde können wachsen. Er kennt die Gemeinde, den Ort und das Umfeld.

Es kann aber auch für beide Seiten sinnvoll sein, wenn es einen Wechsel gibt. So können zum Beispiel durch Veränderungsprozesse neue Energien freigesetzt werden. Frische Impulse können aufgenommen werden. Es besteht in diesem Zusammenhang auch die Notwendigkeit, den aktuellen Standpunkt und zukünftige Perspektiven näher zu betrachten und Schritte zu gehen.

3. Bereit

Angefangen hat es mit einem Gespräch im Auto.

Meine Frau und ich versuchen, ein Wochenende im Jahr bewusst in unsere Ehe zu investieren. Wir haben eine gute Freundin, die in dieser Zeit bei unseren vier Kindern bleibt. Wir praktizieren es so, dass wir entweder auf ein Eheseminar fahren oder uns zu zweit eine Stadt anschauen. Einmal haben wir zusammen eine Einkehrfreizeit vorbereitet und durchgeführt. Diese gemeinsamen Aktivitäten sind Investitionen in unsere Ehe und wir erleben es als Zeiten, die uns stärken und zusammenhalten.

Ein großer Teil bei Eheseminaren ist darauf angelegt, miteinander zu reden. Es ist nicht so, dass wir sonst nicht miteinander sprechen. Im normalen Alltag gelingt es zwar nicht immer, aber wir versuchen, uns Zeiten zu nehmen, in denen wir nicht nur über Angelegenheiten der Kinder, Essensplanung und Erledigungen reden, sondern auch darüber, was uns bewegt. Welche Themen beschäftigen uns gerade?

Als wir also nach einem Eheseminar auf dem Rückweg nach Hause waren, äußerte ich den Gedanken, dass ich mir inzwischen wieder vorstellen könnte, die Stelle zu wechseln und woanders neu anzufangen. Es war nicht so, dass ich unzufrieden gewesen wäre. Ich fühlte mich einfach innerlich bereit dazu. In den Jahren zuvor hätte ich mir einen Wechsel nicht vorstellen können. Ich brauchte erst einmal wieder eine Kontinuität in meinem Beruf.

Den Stellenwechsel davor hatten wir nach einer Zeit von nur drei Jahren vollzogen. Ursache war eine

Krisensituation in einer Gemeinde. Auch wenn mir von allen Seiten versichert wurde, dass ich keine Schuld an dieser Krise und der damit zusammenhängenden Spaltung hatte, waren vor allem die letzten beiden Jahre dort belastend für mich. Die Ursache für den Konflikt lag schon lange zurück und hatte mit mir absolut nichts zu tun. Es war schon etwas skurril, wenn mir immer wieder gesagt wurde, dass es nichts mit mir zu tun hat, ich aber natürlich ständig damit beschäftigt war. Ich versuchte zwar, an allen Hebeln zu drehen und an allen Schrauben zu schrauben. Aber letztlich musste ich zusehen, wie eine Gemeinde mit großem Potenzial sich selbst ins Abseits gestellt hatte.

Diese Erlebnisse hatten innerlich viel bei mir ausgelöst. Es gab Selbstzweifel und die Frage, ob ich der Richtige in diesem Beruf bin.

Gott sei Dank entwickelte sich in einer anderen Gemeinde, in der ich in dieser Zeit auch gearbeitet habe, vieles positiv und damit auch eine Perspektive für die Zukunft.

Nach dieser Erfahrung der Spaltung hatte ich an einem neuen Ort angefangen. Ich konnte mir nicht vorstellen, wieder nur einen kurzen Zeitabschnitt zu bleiben. Bei diesem Gedanken hätte ich eher den Beruf des Pastors aufgegeben. Eigentlich verrückt, weil ich diesen Beruf und die Arbeit wirklich liebe. Aber ich musste erst mal wieder irgendwo ankommen. Dieses Gefühl, ein Predigtnomade zu sein, der mit seiner Familie von einem Ort zum nächsten zieht, verursachte zu dieser Zeit bei mir eher Unbehagen.

So saßen wir im Auto und unterhielten uns und ich war innerlich wieder bereit zu wechseln. Nicht sofort. Denn es gab keinen konkreten Anlass, keine Unzufriedenheit, kein neues Angebot. Ich merkte einfach, dass der Gedanke an einen Wechsel keine Sorgen oder Unruhe mehr auslöste. Ich fühlte mich stark genug, Schritte in ein „neues Land" zu gehen. Ich hatte das Vertrauen, dass es gelingen würde. Und ich hatte den Eindruck, dass wir als Ehepaar diesen Weg gemeinsam gehen können.

Ich begab mich auch nicht sofort auf die Suche. Es gab keinen Druck, so schnell wie möglich eine Veränderung herbei zu führen. Was aber begann, waren die Überlegungen, wann ein guter und sinnvoller Zeitpunkt für einen Wechsel wäre.

4. Die Entscheidung

Nachdem der Gedanke an einen Wechsel gesät war, musste er sich entwickeln. Wir konnten dieser Idee Raum geben. Wir waren schließlich nicht im Zugzwang. Außerdem beeinflusst solch eine Entscheidung mehrere Aspekte. Immerhin haben wir vier schulpflichtige Kinder. Die aktuelle Arbeit in der Gemeinde sollte auch gut weitergeführt und sauber übergeben werden.

Es galt, viele verschiedene Fragen auf unterschiedlichen Ebenen zu bedenken und natürlich auch, diese Fragen mit ins Gebet zu nehmen. In welcher Region wollen wir leben? Wie ist es mit unseren Eltern und Schwiegereltern, die schon Rentner sind oder bald werden? Wann ist die Zeit reif für einen Wechsel? Wen sollen wir in die Überlegungen einbeziehen?

Zunächst war es nur eine Idee, die meine Frau und ich kannten. Es war zwar kein ständiges Gesprächsthema, aber wenn wir darüber redeten, dann haben wir primär über die Bedeutung der Frage für uns als Familie gesprochen.

Eines Tages war ich allein im Auto unterwegs. Dabei habe ich Gott gebeten, dass er mir sagen oder zeigen möge, wann es für uns dran ist zu wechseln. In diesem Gebet habe ich auch geäußert, dass Gott es mir auf eine Weise deutlich macht, die ich verstehe.

Beim Thema Beten ist ein spannender Aspekt, was eigene Gedanken und was Gottes Gedanken sind. Daran schließt sich für mich auch die Frage an, ob das immer so einfach zu unterscheiden ist. Muss ich das denn überhaupt auseinanderhalten oder voneinander trennen? Wie gehe ich damit um, dass Gott in Jesaja 55,8 sagt: *„Meine Gedanken sind nicht eure Gedanken."*?

Als Theologe weiß ich, dass der Kontext entscheidend ist, um einzelne Verse besser zu verstehen - auch bei diesem Satz. So geht es im Zusammenhang bei Jesaja darum, dass Gott einen wunderbaren Weg hat. Er ruft die Menschen auf, ihn zu suchen und sich Gott zuzuwenden. Bei ihm ist Vergebung und Segen.

Wenn ich den Jesaja-Vers auf das Gebet anwende, dann stellt sich die Frage, welche Gedanken von Gott kommen. Woran erkenne ich seine Gedanken und Wege? Ich komme kaum daran vorbei, wenn ich versuche, meinen Glauben zu leben. Auch für mich als Berufs-Christen ist es durchaus ein herausforderndes Thema.

Wir können Gott nicht einfach in eine Box stecken und bei jeder Frage sofort eine passende Antwort hervorzaubern. Es bedeutet nicht, dass immer alles schwer ist. Aber eben auch nicht immer ganz einfach. Das meiste bewegt sich irgendwo dazwischen. Mal mit Tendenz zur einen, mal mit Tendenz zur anderen Seite.

Nachdem ich im Auto mein Gebet, das ich mit offenen Augen gesprochen habe, beendet hatte, fällt mein Blick auf den Tageskilometerzähler. Er zeigt 444,4 Kilometer an. Ich frage mich, ob die Zahl 4 eine Antwort auf mein Gebet sein kann. Wie soll ich das verstehen? Redet Gott zu mir durch den Kilometerstand des Autos? Bin ich verrückt oder naiv? Oder beides? Heißt die 4 noch vier weitere Jahre zu bleiben und dann zu wechseln? Das wäre dann der Zeitpunkt, der von allen der ungünstigste wäre. Also habe ich dieses Erlebnis erst mal für mich behalten. Denn aufgrund dessen wollte ich keine Entscheidung treffen. Ich fand es selbst ein wenig absurd.

Bisher habe ich es so erlebt, dass Gott mehrmals auf etwas hinweist. Er wiederholt wichtige Dinge oder zeigt sie auf unterschiedliche Weise. Er greift Bedeutendes auf, um es zu bestätigen oder zu konkretisieren.

So war es auch in diesem Fall. Ich weiß nicht mehr, wie der zeitliche Abstand zum Kilometerstand war. Aber es hat ein wenig gedauert und ich konnte mir keinen wirklichen Reim darauf machen. Bis wir eines Tages als Familie beim Essen zusammensaßen. Ohne dass wir das Thema Wechsel miteinander besprochen hatten, sagte eine unserer Töchter wie aus heiterem Himmel: „Wenn wir die Stelle wechseln, dann bitte nicht direkt vor dem Abitur.“

Ich war überrascht, weil diese Aussage so unvermittelt kam. Im nächsten Moment wurde mir aber klar, was die Zahl 4 bedeutet. Wir haben vier Kinder. Wir müssen bei diesem Wechsel die Belange der Kinder stärker im Blick haben, als es bei den anderen Wechseln der Fall war und die Kinder noch kleiner waren. Im Grunde haben wir das bereits gewusst. Aber diese deutliche Aussage unserer Tochter hat es nochmal in der Bedeutung bestätigt.

Wir wollten das Anliegen also so berücksichtigen, dass die Kinder nicht zu knapp vor dem Abitur umziehen müssen. Es war sehr wahrscheinlich, dass wir nicht innerhalb eines Ortes von einer Straße in die nächste ziehen und die Kinder nach wie vor die gleiche Schule besuchen können. Ein Umzug bedeutet für uns eine andere Stadt und voraussichtlich auch ein anderes Bundesland.

Da in Deutschland die Bildung föderal verantwortet wird, kocht jedes Bundesland ein eigenes Süppchen. Über die Bildung wird versucht, parteipolitisches Profil umzusetzen. Nach der Änderung von dreizehn auf zwölf Schuljahre bis zum Abitur wechseln viele Bundesländer wieder zurück. Es ergibt sich ein Flickenteppich. Dazu kommen verschiedene Fächerschwerpunkte und dass manche Leistungskurse nicht in allen Bundesländern möglich sind. Für eine Familie, die innerhalb Deutschlands in ein anderes Bundesland zieht, wirkt das Bildungssystem wie ein großer undurchsichtiger Dschungel.

Neben der Verantwortung für die Familie empfinde ich auch eine Verantwortung für die Arbeit in der Gemeinde. Ich habe es immer so gesehen, dass meine Arbeit mehr ist als ein Beruf. Ich investiere mich in die Gemeinde mit dem Ziel, Entwicklungen zu gestalten und die Arbeit insgesamt voran zu bringen. Dabei sehe ich es so, dass eine Entwicklung nicht an mir hängen kann oder von mir abhängig ist. Gleichzeitig ist es keine Frage, dass ich als hauptamtlicher Mitarbeiter einen prägenden Anteil habe. Es wird sogar gewünscht und erwartet. Dafür bin ich schließlich angestellt - nicht nur um sonntags Predigten zu halten. Also war zu erwarten, dass mein Wunsch zu wechseln auch Auswirkungen auf die Gemeindearbeit haben würde.

Um in dieser Frage Klarheit zu gewinnen, habe ich mit dem Verbandsinspektor (er hat die fachliche Verantwortung für die Pastoren im Gemeinschaftsverband) über meine Wechselgedanken gesprochen. Mit ihm hatten wir auch ein gemeinsames Gespräch als Ehepaar. Dabei haben wir uns über verschiedene Aspekte unterhalten. Er hat uns einige Fragen mitgegeben, über die wir nachdenken sollten. Die Gespräche waren sehr fair und wohlwollend. Auf der einen Seite hat er als Verantwortlicher deutlich gemacht, dass er uns gern behalten würde. Auf der anderen Seite hat er Verständnis für unser Anliegen gezeigt.

Wir haben über die uns gestellten Fragen nachgedacht. Dabei haben wir gemerkt, dass sich der Wunsch zu wechseln festigt.

An einzelnen Stellen haben wir die Wechselgedanken in unserem Bekanntenkreis angesprochen. Einen Bekannten habe ich gebeten, gezielt für dieses Anliegen zu beten und zu hören, ob Gott ihm dazu einen Eindruck schenkt. Nach einiger Zeit kam von ihm die Rückmeldung, dass Gott ihm nichts gezeigt hat. Er hat dies so gedeutet, dass wir in unserer Entscheidung frei sind.

Insgesamt haben wir selbst immer wieder über dieser Frage gebetet. Andere Menschen haben es getan. Wir haben an einigen Punkten mit anderen darüber gesprochen.

Wenn ich über Fragen bete und nachdenke, versuche ich, offen und achtsam zu sein, welche Dinge sich ereignen. Was passiert? Gibt es etwas, das in irgendeiner Weise bestärkt oder auch andere Blickwinkel schenkt?

In alledem hat sich immer mehr ein Bild ergeben, dass ein Wechsel für uns angebracht und sinnvoll ist. Es erschien uns so, dass es gilt, neue Wege zu beschreiten.

5. Die Entscheidung bekannt geben

Etwa zum Jahresbeginn 2019 war für uns als Ehepaar klar, dass wir auf einen Wechsel zugehen wollen. Die Gedanken hatten sich zu einer Entscheidung verdichtet. Auch der Zeitpunkt schien uns deutlich zu sein. Wir wollten im Sommer 2020 den Schritt wagen, als Familie umzuziehen, und ich würde in einer neuen Gemeinde als Pastor beginnen.

Durch diese vorausschauende Planung haben wir uns die Möglichkeit gegeben, die betreffenden Personen frühzeitig zu informieren und somit die Übergänge vernünftig gestalten zu können. Uns war es wichtig, verantwortlich mit dieser Entscheidung umzugehen, da wir wussten, dass sie eine Tragweite für die verschiedenen Menschen haben würde. Das betrifft natürlich uns als Familie mit unseren Kindern, aber auch die Gemeindearbeit und die Freunde und Bekanntschaften vor Ort. Alle würden sich darauf einstellen müssen.

Ende Februar 2019 hatten wir ein Treffen mit einigen Leuten, mit denen ich gemeinsam Theologie studiert habe. Nach dem Studium hatten wir geplant, dass wir uns alle zwei Jahre treffen. Uns war es wichtig, diese Beziehungen zu halten und den Kontakt zu pflegen. Im Laufe der Jahre sind bei manchen noch Ehepartner und Kinder dazu gekommen. Bei diesen Treffen war es uns immer ein Anliegen, voneinander zu hören. Über die Jahre ist eine große Offenheit entstanden. Die Beziehungen sind so gut, dass wir einander erzählen können, was uns beschäftigt und auch füreinander beten. Uns als Ehepaar war bewusst, dass wir im Laufe dieses Wochenendes auch über unsere Wechselpläne reden werden.

Da wir nicht wollten, dass unsere Kinder dort von der Ankündigung überrascht werden, haben wir uns entschieden, sie schon vor diesem Treffen zu informieren, auch wenn alles noch Zukunftsmusik war. Es war immerhin noch mehr als ein Jahr Zeit bis dahin. Das ist für Kinder eine lange Zeit. Sie würden bereits drei Schulhalbjahre vor einem Umzug Bescheid wissen.

Als wir dann alle zusammen am Essenstisch saßen und wir mit den Kindern über die Entscheidung für einen Wechsel gesprochen haben, war die Betroffenheit groß und es gab viele Tränen.

Uns war klar, dass wir unseren Kindern mit dieser Entscheidung viel zumuten. Es ist sicher nicht einfach, Pastorenkind zu sein und damit leben zu müssen, dass ein Wechsel für den Vater auch einen Wechsel für alle anderen in der Familie bedeutet. Dabei ist mir schon bewusst, dass es nicht nur Kinder von Pastoren betrifft. Aufgrund einer Entscheidung der Eltern müssen sie ihre Freundschaften auf Distanz leben, an eine neue Schule gehen, neue Kontakte und Freundschaften aufbauen. Wir reißen sie aus ihrem gewohnten Umfeld heraus.

Für die Kinder ist darüber hinaus auch die Frage gewesen, wann sie wiederum ihren Freunden davon erzählen. Sie wollten die Freundschaften mit der Ankündigung nicht belasten. Wie würden die Freunde reagieren? So haben sie es vorerst für sich behalten. Und auch wir haben es im persönlichen Umfeld noch nicht weiter publik gemacht.

Etwa zwei Wochen nachdem wir es unseren Kindern gesagt hatten, habe ich die Gemeindeleitung über unsere Pläne informiert. Mir war es wichtig, den Verantwortlichen schon so früh ein Signal zu geben, damit der Prozess für die Veränderung eingeleitet werden kann. Als Richtwert galt, dass es sinnvoll ist, etwa ein Jahr vor dem Wechsel eine neue Stellenausschreibung zu veröffentlichen. Die Gemeindeleitung war von meiner Ankündigung spürbar überrascht. Sie hatten nicht damit gerechnet. Ich werde später noch darauf eingehen, welche Dinge dadurch ausgelöst wurden.

6. Midlife crisis?

Das Lebensalter ab Mitte 40 wird auch als midlife crisis bezeichnet. In der Mitte des Lebens stellen sich manche Lebensfragen noch einmal neu.

Als ich 42 Jahre alt wurde, merkte ich, dass mein Stoffwechsel beginnt, sich umzustellen. Bis dahin hatte ich immer Probleme mein Gewicht zu halten. Und zwar so, dass ich nicht abnehme. Viele beneiden mich um diese Veranlagung. Für mich war es oft anstrengend. Erst durch Sport und Fitnessstudio habe ich es geschafft, zuzunehmen und von meinem jahrelangen Untergewicht wegzukommen. Ein früherer Hausarzt sagte mir sogar mal, dass die Evolution Menschen mit meiner Veranlagung zu einem großen Teil bereits ausgerottet hätte. In diesem Moment war ich dankbar, dass ich mich inzwischen als Geschöpf Gottes verstand. Es ist einfach eine genetische Veranlagung bei mir. Für Gott war es offensichtlich eine gute Idee, dass es mich gibt und ich auf dieser Erde lebe.

Mit 42 stellte sich mein Stoffwechsel langsam um, sodass ich mein Gewicht viel einfacher halten konnte. Gleichzeitig machte diese Veränderung deutlich, dass ich auch nicht mehr der Jüngste bin. Ich fühlte mich zwar meistens immer noch jung, aber ich war in der Mitte des Lebens angekommen.

Ich habe mich auch gefragt, ob mein Wunsch zu wechseln mit meiner Lebensphase zusammenhängt. Andere machen einen Motorradführerschein, laufen einen Marathon oder verlassen ihre Frau. Da nichts von diesen drei Dingen für mich in Betracht kommt, suche ich mir jetzt eine neue Stelle?

Ich hatte angefangen, einen Blog zu schreiben und verfasste Gedichte. War das mein „Marathon“?

Diese mittlere Lebenskrise veranlasst viele Menschen, in ihrem Leben nochmal neue Akzente zu setzen. Oft ist es bewusst oder unbewusst geleitet von der Frage, ob das schon alles war. Will ich den Rest meines Lebens so weitermachen oder will ich etwas verändern?

Die Phase, in der die Familie gegründet wurde, ist vorbei. Die Ausbildung ist schon lange abgeschlossen. Beruflich haben viele ihren Platz gefunden. Vielleicht ist das Häuschen gebaut. Das Auto steht vor der Tür. Jedes Jahr hat den gleichen Ablauf. Man weiß, was kommt. Ein bisschen Abwechslung bringt vielleicht der Urlaub, den man je nach Kontostand mal hier und mal da verbringt.

Natürlich werden auch die körperlichen Veränderungen nach und nach spürbar. Viele stemmen sich noch dagegen. Aber der Verfall ist eingeleitet. Der Lack ist ab, wie manche sagen.

Was bleibt noch übrig von den Träumen, die man mal hatte? Welche Wünsche und Ziele gibt es noch?

Als ich mich für einen Wechsel entschieden habe, wollte ich mich auch damit auseinandersetzten, was denn meine Wünsche und Ziele sind. Welche Dinge will ich in meinem Berufsleben noch erreichen? Was sind Stärken, die ich weiterentwickeln und einsetzen möchte? So habe ich bewusst nach einem Menschen gesucht, der mich dabei unterstützt. Es sollte jemand sein, der schon etwas älter ist als ich, das Berufsbild eines Pastors und die Gemeinschaftsbewegung kennt, aber selbst einen gewissen Abstand dazu hat.

Ich machte mich auf die Suche und wurde über ein christliches Mentoren-Netzwerk fündig. Da im nördlichen, ländlichen Bereich vieles etwas dünner gesät ist, bedeutete die räumliche Entfernung zu der Person mehr als 30 Minuten Autofahrt.

Aber ich hatte jemanden im meiner Umgebung gefunden und per Email angeschrieben. Dabei äußerte ich, dass ich vor einem Stellenwechsel stehe und jemanden suche, der mir dabei hilft, meine Prioritäten zu ordnen. Zwei bis drei Treffen sollten dafür ausreichen. Es kam eine positive Rückmeldung mit der Einladung zu einem Kennenlern-Treffen. Die Chemie zwischen uns stimmte. Der Coach erfüllte außerdem alle von mir gewünschten Kriterien. Er meinte aber gleich, dass aus seiner Sicht drei Treffen nicht ausreichen werden. Wir einigten uns auf sechs Sitzungen. Spannend waren seine finanziellen Vorstellungen. Er nannte einen Festpreis, den ich aber nur bezahlen müsse, wenn ich mit dem Ergebnis des Coachings zufrieden bin. Außerdem zeigte er mir ein Buch, in dem es um Berufung ging. Ich sollte mir das Buch besorgen. Wenn ich es durchgelesen hätte, solle ich mich wieder melden und einen nächsten Termin vereinbaren. So waren wir beide angespornt und motiviert, unseren Anteil zu einem gelingenden Coaching beizutragen.

Ich bestellte mir das Buch und las es durch. Wir hatten anschließend sehr gute und intensive Treffen, deren Ziel es war, eine für mich passende Stellenbeschreibung zu finden.

Mein Coach war jedes Mal super vorbereitet. Er arbeitete mit verschiedenen Methoden und ich bekam immer Hausaufgaben auf. Am Ende hatte ich viel über mich und meine Ziele reflektiert und mich selbst besser kennengelernt. Ich konnte sagen, welche Dinge mir für meine weitere berufliche Tätigkeit wichtig sind. Sehr gerne habe ich den vereinbarten Betrag überwiesen.

Nun wusste ich klar, was ich wollte: in einer Gemeinde hauptamtlich arbeiten, Menschen mit Jesus Christus in Beziehung bringen, im Team arbeiten, mit Worten arbeiten, Menschen begleiten. Und das alles in einem städtischen Kontext in Deutschland.

Ich erstellte sogar eine Stellenanzeige meiner Traumgemeinde und fühlte mich bereit, konkret mit der Stellensuche zu beginnen.

Stellenausschreibung Gemeinschaftspastor/in

Unsere Gemeinde mit Blick auf das Meer ist Anziehungspunkt für viele Menschen. Unser Haus wird gerne für verschiedene künstlerische Veranstaltungen und Projekte genutzt - zum Beispiel Ausstellungen, Lesungen, Konzerte,... Im Eingangsbereich betreiben wir ein Café, das sich in harmonisch in den Bau einfügt.

Wir feiern leidenschaftlich gern und regelmäßig Gottesdienste, verstehen uns aber nicht als gottesdienstzentrierte Gemeinde. Vielmehr wollen wir unseren Glauben in die „Orte unseres Alltags" tragen und leben.

Zum unserem Gemeindeleben gehören auch verschiedene Hauskreise, sowie Kinder- und Jugendgruppen.

Für unsere Gemeindearbeit suchen wir einen ausgebildeten Theologen mit Erfahrungen in der Gemeindepraxis, der Interesse an einer Verknüpfung von Gemeinde und Kunst/Kultur hat.

Deshalb suchen wir Dich zum 01.08.2020 als **Gemeinschaftspastor/in**

Das findest Du bei uns:

- Eine unbefristete Vollzeitstelle,
- Rahmenbedingungen, die den Dienstrichtlinien des „Bündnis Lernen und Arbeiten im Gnadauer Verband" entsprechen und eine Vergütung nach „Tarif sowieso",
- Ein motiviertes Team von Mitarbeitern und Betern,
- Freiräume, Ideen (gemeinsam) zu entwickeln und umzusetzen.

Das wünschen wir uns von Dir:

- Alltagsbezogene Verkündigung,
- Bereitschaft, sich auf verschiedene Formen von Gottesdiensten einzulassen,
- Förderung von kreativen Möglichkeiten und missionarischen Perspektiven,
- Begleitung von Mitarbeitern.

In unserer Stadt gibt es (mind.) ein Gymnasium, sowie weitere Schulen – unter anderem auch eine Musikschule. Der öffentliche Personennahverkehr ist gut ausgebaut.

Weitere Informationen unter: www.Traumgemeinde.de

7. Die Suche beginnt

Bei den vorherigen Stellenwechseln hatte ich die Erfahrung gemacht, dass das Ganze relativ problemlos lief. Durch meine Zugehörigkeit zur Studien- und Lebensgemeinschaft Tabor profitierte ich von der Stellenvermittlung, die aus einem Sendungsprinzip entstanden ist. Vor meiner Zeit wurde man noch von der Leitung gesandt. Die Tabor-Leitung hat für die Mitglieder Dienststellen gesucht und sie dorthin vermittelt. Das lief in den meisten Fällen eher direktiv. Im Laufe der Jahre entwickelte sich ein Vermittlungssystem, bei dem das Profil des Pastors mit dem Profil der Gemeinden abgeglichen wurde. Es gab mehr und mehr Mitsprache.

Meine erste Stelle im hauptamtlichen Dienst einer Gemeinde habe ich mir nicht selbst gesucht, sondern meine Frau und ich wurden dorthin gesandt. Im Vorfeld gab es Gespräche über unsere Wünsche und Vorstellungen. Wir waren zum damaligen Zeitpunkt schon zwei Jahre verheiratet.

Als dann ein Wechsel bevorstand, habe ich etwa ein Jahr vorher sowohl der Gemeindeleitung als auch der Tabor-Leitung Bescheid gegeben. Es gab wieder ein Gespräch über unsere Wünsche in Bezug auf die neue Stelle. Ich bekam einen Vorschlag, den ich passend fand, habe mich dort vorgestellt und bekam eine Zusage. Wir sind mit drei kleinen Kindern umgezogen und haben am neuen Ort neu angefangen. Dabei erlebten wir, dass wir bis kurz vor dem Umzug noch keine Wohnung gefunden hatten. Eine Lösung ergab sich erst extrem spät. Die Konsequenz war, dass wir unsere kompletten Möbel in einer Doppelgarage zwischenlagern mussten und meine Frau mit den Kindern einige Wochen bei den Eltern und Schwiegereltern lebte. Die Wohnung war für uns nach der langwierigen Suche wirklich ein Geschenk.

Als sich abzeichnete, dass erneut ein Wechsel ansteht, habe ich wie gewohnt ein Jahr vorher die Leitungen informiert. Wir hatten inzwischen vier Kinder. Wieder gab es Gespräche darüber, was für uns als nächstes dran sein könnte. Ich bekam einen Vorschlag, telefonierte mit der verantwortlichen Person und entschied, mich dort nicht zu bewerben. Danach erhielt ich einen neuen Vorschlag. Ich lernte den Personalverantwortlichen kennen, schrieb eine Bewerbung und wurde zu einem Gespräch eingeladen. Nach diesem Bewerbungsgespräch entschied ich mich, eine andere Stelle zu suchen. Parallel bewarb ich mich auf eine Stelle, die mich interessierte, erhielt aber eine Absage. Ich bekam einen weiteren Vorschlag. Auch dort wurde ich zum Vorstellungsgespräch eingeladen. Diesmal bejahten beide Seiten meine Anstellung dort. Am neuen Ort konnten wir ein Haus mieten und bereiteten den Umzug vor. Wir hatten viel Unterstützung und konnten am neuen Platz weitermachen.

Bisher hatte ich immer den Eindruck, dass ich den Prozess des Stellenwechsels aktiv mitgestalten und Einfluss darauf nehmen konnte. Ich hatte die Wahl. Ich konnte mich für oder auch gegen eine Stelle entscheiden. Mit diesem Gefühl und den Erfahrungen im Hinterkopf ging ich auf die Suche nach einer neuen Gemeindearbeit.

Ich hatte mir mit Unterstützung eines Coaches erarbeitet, welche Dinge mir für die kommenden Aufgaben wichtig waren. Außerdem beschlossen meine Frau und ich, dass wir gern in der nördlichen Hälfte Deutschlands suchen wollten. So könnten wir den Kontakt zu unseren Familien besser gestalten. Natürlich wollten wir uns mit unseren Kindern am neuen Ort wohl fühlen. Dazu gehörte auch, dass die Schulen so ausgelegt sind, dass die Kinder dort ihre Fremdsprachen weiter lernen können, die sie bisher gelernt haben.

Uns war dabei schon bewusst, dass es vermutlich keine Lösung gibt, in der alle Vorstellungen zu 100 Prozent erfüllt werden können. Sicher müssten wir an einigen Stellen Abstriche machen oder Kompromisse eingehen. Aber die grundlegenden Anliegen waren uns klar. Es war noch ein gutes Jahr Zeit bis zum geplanten Wechsel. Wir konnten mit der Suche beginnen.

Bereits ein Jahr zuvor wurde ich angesprochen, ob ich Interesse an einer Gemeinde hätte, bei der demnächst die Pastorenstelle frei werden sollte. Diese Gemeinde hatte in den letzten Jahren einen spannenden Aufbruch gewagt. Ich würde mit meiner Persönlichkeit und meinem Profil die Entwicklungen gut weiter gestalten können. Zu diesem Zeitpunkt hatte ich mich zum einen noch nicht für einen Wechsel entschieden. Zum anderen lag der Ort einmal quer durch Deutschland und damit nicht im Radius, den wir für uns definieren wollten. Was mir dieses Angebot aber gezeigt hat, war, dass ich mit meinen Gaben und Erfahrungen gefragt bin. Ich hatte den Eindruck, dass darin eine Wertschätzung lag und ich bei einem künftigen Wechsel sicher etwas Passendes für mich und uns als Familie finden werde.

Als ich dann wieder auf die Suche ging, habe ich wie gewohnt auf das bewährte System der Stellenvermittlung zurückgegriffen und dort meinen Wechselwunsch geäußert. Dabei wurde mir die eben genannte Stelle angeboten, da sie noch nicht neu besetzt war. Nach kurzer Überlegung habe ich mich aber dagegen entschieden.

Zusätzlich haben wir uns im Internet auf den entsprechenden Portalen umgeschaut und ich habe bei einzelnen Personalverantwortlichen nachgefragt.

Dabei entstand der Eindruck: Naja, so viel Auswahl scheint es nicht zu geben. Es könnte schwieriger werden als gedacht. Ein wenig haben wir uns schon gewundert. Aber es wirkte auch nicht dramatisch. Wir waren früh dran und hatten noch Zeit. Es würde sich schon etwas ergeben.

Durch meine Suche wurde ich auf zwei Stellen aufmerksam. Auf eine habe ich mich konkret beworben. Die andere schrieb ich initiativ an, da die zu vergebende Stelle noch nicht ausgeschrieben war. Leider bekam ich für beide Bewerbungen keine Einladungen zum Gespräch, sondern Absagen. Ich war ernüchtert und irritiert. Wenigstens eine Einladung zum Gespräch hatte ich erwartet. Aber mein Profil passte wohl nicht zu dem, was gesucht wurde. Es war schon etwas enttäuschend, aber auch kein Weltuntergang. Immerhin war noch über ein halbes Jahr Zeit und in den nächsten Monaten würde sich schon noch etwas Passendes finden.

8. Ausgelöste Prozesse in der Gemeinde

Die Stellensuche ist eine Sache. Doch das normale Leben ging ebenfalls weiter. Noch waren wir nicht umgezogen. Noch arbeitete ich weiter in der Gemeinde. Ich habe es auch immer so verstanden, dass ich mich dort einbringe, wo ich bin und nicht schon auf Abschied lebe. Emotional hätte ich es auch nicht verkraftet, innerlich schon weg zu sein.

Ich hatte die Entscheidung, wechseln zu wollen, früh kommuniziert, um der Gemeinde Zeit zu geben, sich neu auszurichten und meine Stelle wieder neu besetzen zu können.

Mir war bewusst, dass meine Ankündigung einen Prozess einleiten würde, der die Frage danach stellt, wie es nun für die Gemeinde weitergehen kann. Die verbleibende Zeit konnte genutzt werden, um notwendige Schritte einzuleiten.

Allerdings hatte ich nicht erwartet, was meine Entscheidung auslösen sollte. Die Reaktionen und Folgeerscheinungen waren drastischer, als ich mir vorgestellt hätte.

Nachdem ich der Gemeindeleitung mitgeteilt hatte, dass ich wechseln werde, gab es die erwartete Betroffenheit. Nachvollziehbar, da ich das Thema von meiner Seite vorher nicht ins Spiel gebracht und somit für eine Überraschung gesorgt hatte. Das dadurch entstandene Unverständnis leuchtet mir ein. Ich kann auch den Wunsch verstehen, lieber mit in die Entscheidung eingebunden gewesen zu sein. Allerdings war es eine Entscheidung, die zunächst mal aus unserer familiären Situation entstanden ist. Selbstverständlich kommen auch noch andere Punkte dazu. Insgesamt ist das Bild größer. Aber wenn ich aufgrund der familiären Situation zu dem Schluss komme, zu wechseln, dann kann ich der Gemeinde schlecht sagen, dass ich gern über dienstliche Perspektiven für meine Arbeit über den Zeitpunkt eines geplanten Wechsels hinaus reden möchte.

Meine Ankündigung traf die Leitung zu einem Zeitpunkt, in dem gerade ein Wechsel in der Verantwortung der Leitung vollzogen wurde. Dies bedeutete nun, dass Führung und Verantwortlichkeiten neu geordnet werden mussten. In der Folge löste ich durch meine Mitteilung eine Unsicherheit aus, die das System Gemeinde ins Wanken brachte. Rückblickend würde ich sogar sagen, dass es dadurch zu einer Erschütterung kam. Die Gemeinde wankte in eine Führungskrise hinein. Dass ich sie verlassen würde, wirke dafür wie ein Verstärker.

Ich denke, man kann durchaus von einem Schock sprechen, der eine Trauerphase eingeleitet oder verstärkt hat. Für manche fühlte es sich so an, als ob ich durch mein Weggehen eine Beziehung beenden würde. Es wurde empfunden, als wenn ein Partner den anderen verlässt. Manche fragten sich, was denn da vorgefallen sei.

Damit noch nicht genug, tauchten in dieser Krisenphase Problemstellungen auf, die nicht mit meinem Wechsel zusammenhingen. Es mussten unbequeme Entscheidungen getroffen werden, die nicht allen verständlich waren. Diese zusätzlichen Probleme offenbarten mir einen früheren Mangel an Klarheit. Es gab Dinge, die aufgeschoben und verdrängt worden waren. In der Krise kamen sie nun wie ein Bumerang auf unangenehme Weise zurück.

Viele Gespräche waren notwendig, um Unmut aufzufangen und Unverständnis zu begegnen. Es zeigte sich, wie jahrelang Liegengelassenes plötzlich wieder hochkam und Spannungen in eine Problemlage brachte, die unabhängig von einem Wechsel auftauchte. Wären wir früher zu einer Klärung des alten Problems gekommen, hätte das neue Problem nicht solch eine Wucht entfalten können oder wäre vielleicht nicht in dieser Form entstanden.

Im September 2019 spitzte sich die Situation derart zu, dass wir eine unangenehme Entscheidung treffen und kommunizieren mussten. Ich selbst empfand eine enorme Anspannung und Belastung in diesem Konflikt.

Da erwischte mich beim Bibellesen auf einmal ein Satz, den ich schon unzählige Male vorher wahrgenommen hatte, weil er extrem oft in der Bibel vorkommt. Aber diesmal schlug er voll bei mir ein. Es war so, also ob Gott selbst mir diesen Satz zuspricht: *„Fürchte dich nicht!“* In diesem Moment habe ich gespürt und gewusst, dass diese Aufforderung mir ganz persönlich gilt. Ich muss keine Angst vor der Situation haben. Ich muss keine Angst vor Menschen haben. Ich muss keine Angst haben. Die Situation hatte das Potenzial, in der Gemeinde Schaden anzurichten. Aber Gott sprach mir in dieser Lage Mut zu und forderte mich auf, ihm zu vertrauen. Er machte mir darin deutlich, dass er selbst alles im Griff hat. Das „Fürchte dich nicht!“ Gottes ließ mich in dieser Anspannung zur Ruhe kommen. Es entstand die Gewissheit, dass er um die Problematik weiß und dass er sich darum kümmern wird.

Wenige Tage später machte ich mir bewusst, dass diese Zusage nicht nur für die Gemeinde gilt, sondern dass ich sie ebenfalls für mich persönlich in Anspruch nehmen kann. Ich brauche mich nicht vor der Zukunft fürchten. Es war zwar noch immer nicht geklärt, wo wir als Familie im nächsten Sommer leben werden und wie es für mich beruflich weitergehen würde. Aber auch hier galt, dass Gott alles in seiner Hand hat.

Unzählige Male habe ich mir in den kommenden Monaten ins Gedächtnis gerufen, was Gott mir im September 2019 groß werden ließ: „Fürchte dich nicht!" Verstärkt wurde diese Zusage etwas später durch einen poetischen Text und ein Lied, die den gleichen Titel tragen. Ich entdeckte ein Poetry des Künstlers Micha Kunze und ein Lied von Samuel Harfst und spürte, wie Gott diese Worte in mir festigte. „Ralph, fürchte dich nicht!"

9. Dann kam Corona

Die Stellensuche ging weiter. Ich beobachtete die entsprechenden Portale in Internet. Meine Frau tat dies ebenfalls und hatte inzwischen einen sehr guten Überblick über die Verbände des Gnadauer Gemeinschaftsverbandes in der Nordhälfte Deutschlands. Sie hat zudem noch das Umfeld erkundet - vor allem welche Schulen in der Nähe sind. Wird nach G8 oder G9 unterrichtet? Welche Fächerschwerpunkte und Fremdsprachen stehen auf dem Plan? Zwischendurch führte ich Telefonate und schrieb Emails, um offene oder neu zu besetzende Stellen zu finden.

Bei unserer Recherche stellten wir fest, dass es durchaus Gemeinden gab, die jemanden suchten. Zu einem extrem großen Teil waren es aber Mitarbeitende für den Bereich Kinder und Jugend. Alle meine bisherigen Stellen hatten zwar immer auch einen Anteil in diesem Gebiet beinhaltet. Es hat mir viel Spaß gemacht und ich war immer wieder gerne in den Gruppen. Aber es war nie mein Schwerpunkt und würde es sicher auch in Zukunft nicht werden. Immerhin hatte ich 2018 die Leitung und regelmäßige Mitarbeit im Teenkreis abgegeben. Inzwischen waren zwei meiner Kinder dort Teilnehmende. Die fanden es sicher nicht besonders cool, dass ihr Vater immer mit dabei ist. Eine Arbeit in der Hauptverantwortung im Bereich Kinder und Jugend kam also nicht in Frage. Schließlich werde ich auch nicht jünger. Zudem waren viele Stellen in Teilzeit ausgeschrieben. Auch das schien uns unpassend für unsere

Lebenssituation und meine Wünsche, mich in die Gemeindearbeit einzubringen.

Es gab immer wieder mal Ideen, die ich durchaus spannend fand. So hatte ich Kontakt zum Leiter eines wirklich spannenden Projektes, bei dem ein Kulturcafé betrieben wurde und eine Gemeinde aus mehreren Zellen entstand. Ich habe mich dann aber entschieden, dass ich doch lieber in eine bestehende Gemeindearbeit gehen möchte. Die Finanzierung einer für mich neu zu schaffenden Stelle wäre hier nicht ganz einfach gewesen.

Es entstand Kontakt zu einer freien Gemeinde, die eine ökumenische Ausrichtung hatte. Nach meinen Erfahrungen in den letzten Jahren, mit den unterschiedlichen Gemeinden vor Ort zusammen etwas zu bewegen, fand ich diese Idee durchaus interessant. Da ich nicht aus einer Freikirche komme, habe ich mich dort erst mal erkundigt, ob eine Anstellung grundsätzlich möglich wäre, was auch bejaht wurde. Danach führte ich ein Gespräch mit der Leitung der Gemeinde. Am Ende des Telefonats kündigte ich meine Bewerbung an. Diese Bewerbung habe ich auch geschrieben, aber nicht abgeschickt. Zum einen hatte ich den Eindruck, dass die Gemeinde nicht so recht wusste, welchen Weg sie einschlagen möchte und ob sie zurzeit überhaupt jemanden anstellen wollen. Zum anderen hätte ich aus der Evangelischen Kirche austreten müssen, um in der Freikirche arbeiten zu können. Diesen Schritt konnten sich meine Frau und ich nicht vorstellen. Dafür sind wir zu sehr in der Gemeinschaftsbewegung beheimatet. Ich sagte ab.

Ich verfasste einige wenige Bewerbungen, zum Teil initiativ, bekam aber die Rückmeldungen, dass die Stellen entweder schon anderweitig besetzt worden sind oder mein Profil nicht passen würde.

Dann fand ich eine weitere attraktive Ausschreibung. Sie hatte eine spezielle Ausrichtung auf die Zielgruppe junge Erwachsene. Mit dem Verantwortlichen hatte ich schon ein halbes Jahr zuvor Kontakt gehabt. Er hatte mich bei einem Treffen angesprochen und Interesse an mir als Mitarbeiter signalisiert. Also habe ich mich beworben, auch wenn mir bewusst war, dass ich von meinem Alter her etwas Abstand zur Zielgruppe hätte. Ich wäre nicht in der gleichen Lebensphase. Trotzdem könnte ich meine Stärken der Begleitung und Unterstützung einbringen. Ich könnte Räume zur Entfaltung und zum Ausprobieren ermöglichen. Und ich könnte Brücken zu den anderen Generationen bauen. Ich wurde zu einem Gespräch eingeladen.

Der Corona-Virus war zwar schon in Deutschland angekommen, aber an einen Lockdown hatte zu diesem Zeitpunkt kaum jemand gedacht. Ich fuhr mit dem Zug zum Bewerbungsgespräch und hatte mir viel Zeit eingeplant, um mich noch etwas in der Stadt umschauen zu können. Das Treffen selbst verlief angenehm und ich erlebte viel Wertschätzung. Mir war bewusst, dass es darauf ankommen würde, welche Vorstellungen die Leitung der Gemeinde für diese Stelle hat.

Ich erhielt eine Absage. Das war schon ein wenig enttäuschend. Aber mir war bewusst, dass diese Bewerbung für mich ein Testballon gewesen ist. Außerdem ist am Tag vor diesem Bewerbungsgespräch eine andere Ausschreibung veröffentlicht worden, die optimal zu dem passte, was ich mir für die zukünftige Arbeit vorstellte. Also habe ich die nächste Bewerbung auf den Weg gebracht und erhielt eine Einladung zum Vorstellungsgespräch.

In der Zwischenzeit hatte ich mich beim Arbeitsamt gemeldet. Zum einen ist es vorgeschrieben, sich dort zu melden, wenn man weiß, dass es keinen nahtlosen Übergang geben könnte. Zum anderen weiß man nie. Schließlich hatte ich noch keine neue Stelle. Und es waren nur noch etwa vier Monate bis zum Ende meines aktuellen Dienstverhältnisses.

Ich fuhr also zum Arbeitsamt. Dort hingen schon diese Schilder, dass ein Lächeln den Händedruck ersetzt. Ich hatte ein konstruktives Gespräch mit der Sachbearbeiterin. Freundlich nahm sie meine Daten auf. Sie schaute in ihren Computer und gab mir zu verstehen, dass für meine Suche sehr wenige Angebote vorhanden sind. Ich würde selbst aktiv nach offenen Stellen suchen müssen, was ich bereits tat und ihr von dem anstehenden Bewerbungsgespräch erzählte.

Wenige Tage nach dem Termin beim Arbeitsamt wurden Maßnahmen zur Corona-Bekämpfung erlassen. Zu diesem Zeitpunkt ging ich davon aus, dass das Treffen trotzdem stattfinden würde. Ich entschied mich, diesmal lieber mit dem Auto als mit dem Zug zu fahren. Relativ kurzfristig wurde das Gespräch dann doch abgesagt. In der aktuellen Situation war die Lage so unsicher, dass der Termin nicht stattfinden konnte und verschoben werden sollte. Allerdings war noch nicht klar, wann dies der Fall sein würde. Bei allem Verständnis für diese Entscheidung war ich sehr enttäuscht. Uns lief die Zeit davon. Corona spielte gegen uns. Als die Lage sich wieder lockerte, bekam ich die Nachricht, dass die Gemeinde sich entschieden habe, in diesem Jahr doch niemand Neuen mehr anzustellen. Ich könnte die Bewerbung aber aufrechterhalten. Das tat ich auch.

So langsam dämmerte mir, dass uns unsere Ambition zu wechseln in eine Krise führt.

10. Rational

Psychologen und Therapeuten definieren verschiedene Phasen einer Krise. Diese Phasen oder auch Prozessschritte laufen nicht immer in der gleichen Reihenfolge ab. Oft überlappen sie sich. Manches kommt zeitlich versetzt.

Auch bei mir lassen sich die Anzeichen einer Krise erkennen. Bis in den März hinein war ich zuversichtlich gewesen. Die Zeit wurde zwar langsam knapp, aber noch war alles möglich. Als dann Corona kam und nicht nur Deutschland stilllegte, waren auch wir zum Stillstand gezwungen. Es ging nichts mehr. Der erste Schock erreichte mich sogar schon Ende Februar, als ich Mitarbeiter bei der Übertragung des Willow-Creek-Kongresses nach Ostfriesland war. Das abrupte Ende wegen der Corona-Erkrankung eines Referenten hat mir vor Augen geführt, dass dieses Virus uns nun doch beeinflussen wird. Ich hatte es allerdings noch nicht auf meine Stellensuche bezogen.

Die Phase der Verleugnung hat sich für mich lange hingezogen. Ich bin nicht mal sicher, ob ich wirklich durch diese Phase durchgekommen bin. Zumindest konnte ich lange nicht wahrhaben, dass ich in einer Krise bin. Es schien alles so unwirklich. Ich hatte doch bisher vieles proaktiv gestaltet. Der Wechsel war keine fixe Idee, sondern gut überlegt. Wir haben darüber gebetet. Wir haben für die bisherige Gemeinde gedacht. Ich will nicht behaupten, dass ich in alledem keine Fehler gemacht habe. Aber im Bezug auf den Wechsel war ich der Ansicht, dass ich nichts falsch gemacht habe.

Der Versuch, die üblichen Strategien zu nutzen, ist auch typisch in solchen Phasen. Wir haben immer weitergesucht. Irgendwann kam dann die kognitive Einsicht. Mein Kopf hat langsam zugelassen, dass wir uns in eine Krise hinein bewegen. Aber die Emotionen waren noch nicht da.

Die wenigsten Menschen würden mich vermutlich als gefühlsorientierten Menschen bezeichnen. Die meisten nehmen mich eher als ruhig und sachlich wahr. Das liegt daran, dass ich mir lange Zeit den Zugang zu meinen Gefühlen nicht erlaubt habe oder nur bis zu einem bestimmten Grad. Solange wie es nicht weh tut. Aber natürlich habe ich Gefühle. Ich nehme sie stärker wahr seitdem ich Kinder habe. Sie können mich auf die Achterbahn der Emotionen schicken.

In der aufkommenden Krise hatte ich noch keine Gefühle zugelassen. Zwar kam mal Enttäuschung auf. Diese habe ich dann aber damit überdeckt, dass es rational gute Gründe für eine Verschiebung des Bewerbungsgespräches gab. Zu diesem Zeitpunkt bewegte sich für mich noch vieles auf der Kopf-Ebene.

11. Weitere Prozesse in der Gemeinde

Während sich für mich die Stellensuche in den erzwungenen Stillstand bewegte, verdichteten sich auch die Prozesse in der Gemeinde zu einer Krise. Die von uns initiierte Zwischenlösung der Leitung erwies sich nicht in allen Punkten als sinnvoll. Wir hatten spezielle Dynamiken eines Leitungswechsels unterschätzt und damit Einzelne überfordert. Einige wenige, aber tragende Mitarbeitende kündigten an, sich aus der Leitung zurückzuziehen. Ein weiterer Umbau auf der Vorstandsebene wurde notwendig. Dabei wurde uns mehr und mehr bewusst, dass wir Verantwortlichkeiten anders aufteilen müssen. Was einige Jahre zuvor noch lebbar war, ließ sich nun nicht mehr fortsetzen. De facto steuerten wir darauf zu, dass die Gemeinde im Frühjahr 2020 ohne rechtlich handlungsfähige Leitung sein und im Sommer 2020 auch keinen hauptamtlichen Mitarbeiter mehr haben würde. In dieser Form wären auch die Voraussetzungen, einen neuen Pastoren anstellen zu können, nicht gegeben. Die Perspektive am Horizont sah düster aus.

Im Februar 2020 veranstalteten wir ein Gemeindeforum. Ziel war es, den Mitgliedern und Freunden eine Möglichkeit zu geben, auszusprechen, wie es ihnen mit der Situation geht und welche Fragen sie haben, um dann den Blick nach vorne zu richten.

Aus meiner Sicht passierte an diesem Abend etwas sehr Entscheidendes. Die Leute nutzen die Gelegenheit, um sich mal richtig „auszukotzen“. Das ist zwar kein schönes Wort, aber es beschreibt, was an dieser Stelle notwendig war. Es war Raum, Frust und Unmut zu benennen. Ich hatte die spannende Aufgabe, diesen Abend zu moderieren. Wenn ich Missverständnisse auf der Sachebene richtigstellen konnte, dann habe ich es auch getan. Aber die Frustrationen, Ärger und Enttäuschungen habe ich stehen lassen. Sie mussten raus. Zu einem Blick nach vorne sind wir an diesem Abend nicht mehr gekommen. Aber ich wage zu behaupten, dass erst durch diesen Abend in dieser Form weitere Schritte möglich geworden sind.

Natürlich wollten und mussten wir hier anschließen und den Prozess weiter gestalten. Wir brauchten Lösungen. Die Perspektive musste wieder klarwerden. Mitarbeitende mussten sich bereit erklären, Leitung zu übernehmen. Die neue Gemeindeleitung musste gewählt werden. Die Stellenbesetzung musste geregelt werden. Auch hier wurde die Zeit knapp. Und auch an dieser Stelle schlug die Pandemie voll zu. Gerade in dieser heiklen Phase wurden alle Ampeln auf Rot gestellt. Treffen waren zunächst gar nicht und dann nur in sehr eingeschränkter Form möglich. Um in unserem Prozess weiter zu kommen, waren jedoch physische Treffen mit möglichst vielen Mitgliedern und Freunden nötig.

Nun waren die räumlichen Gegebenheiten im Haus unserer Gemeinde zu klein, um solch ein Treffen durchzuführen. Also startete ich Anfragen bei der Evangelischen Landeskirche und der Freikirche der Baptisten im Ort. In den letzten Jahren hatte sich unser Miteinander positiv gestaltet. Wir haben einige Projekte gemeinsam durchgeführt. In den Jahren 2015 und 2016 gab es viel gute Abstimmung in der angespannten

Flüchtlingssituation. Das vertrauensvolle Miteinander ist stetig gewachsen. So war ich sehr dankbar, dass aus beiden Gemeinden das Angebot kam, unsere Treffen unter Berücksichtigung der Hygienemaßnahmen in ihren Räumlichkeiten durchzuführen. Wir entscheiden uns für die freikirchlichen Räume. Die beiden Treffen, die wir dort durchführen konnten, setzten den Prozess fort. Manche Fragen konnten besprochen und eine neue Leitung mit angepasster Struktur gewählt werden. Der Weg der Gemeinde in die Zukunft war wieder frei. Auch die Besetzung der Pastorenstelle konnte weiter vorangebracht werden. Die Perspektive schien wieder heller.

12. Gottes Wirken

Für die Gemeinde gab es nun eine Zukunft. Aber wie war es für mich und meine Familie? Noch hatte sich nichts ergeben. Die Pandemie machte uns einen Strich durch die Rechnung. Die Zeit wurde knapp.

Für mich ist der Pastorenberuf nicht nur eine Tätigkeit zum Broterwerb. Nach wie vor liebe ich diese Arbeit, trotz aller erlebten Schwierigkeiten. Ich mag es, in Gemeinde zu arbeiten. Natürlich ist der Beruf auch Ausdruck meines Glaubens. Nicht jeder, der glaubt, soll und muss seinen Glauben zum Beruf machen. Bei mir ist es aber so. Das bedeutet auch, dass die Gedanken und Prozesse, die ich bisher beschrieben habe, auch etwas mit meinem Glauben zu tun haben. Ich stelle einen Bezug dazu her. Ich bete über diese Punkte. Mein Nachdenken ist durch den Glauben beeinflusst. Ich suche nicht einfach nur eine neue Stelle, sondern ich möchte dort meine Berufung mit meinen Gaben und Fähigkeiten entsprechend ausfüllen. Ich wünsche mir, an einem Platz zu leben, den Gott dafür vorbereitet hat. Deshalb fühle ich mich in alledem auch angewiesen darauf, das Reden und Wirken Gottes zu erkennen.

Mit meinen früheren Kommilitonen habe ich eine Gruppe bei einem Messengerdienst. Ende März 2020 teilte eine von ihnen dort ein Video. Sie hatte eine Anleitung aufgenommen, bei der es darum geht, wie man mit Kindern üben könne, Gottes Reden wahrzunehmen. Als sie das Video in unsere Gruppe stellte, setzte ich mich hin und entschloss spontan, diese Übung für mich selbst durchzuführen. Ich habe dabei nicht alle Einzelheiten befolgt und es auf mich angepasst. Das Malen ließ ich weg. Meine Zeichenkünste haben sich in den letzten 35 Jahren nicht wesentlich verbessert. Obwohl ich später auch schon darüber nachgedacht habe, dass es auch schön gewesen wäre, zu zeichnen, was ich dann sah.

Ich schloss die Augen und es entstanden während dieser Zeit zwei Bilder vor meinem inneren Auge. Zunächst sah ich einen Baum. Er stand fest und hatte grüne Blätter. Das zweite, was ich wahrnahm, war ein Zug. Es war ein ICE mit seiner nach vorne spitzer werdenden Front. Er stand einfach da, so als ob er auf die Abfahrt zu warten schien.

Witziger Weise zeichnete meine frühere Kommilitonin dann im Video einen Baum, den sie in ihrer Zeit gesehen hatte. Anders als bei mir trug er viele Früchte. Aber ich fand es bestätigend, dass sie ebenfalls einen Baum gesehen hatte.

Das Deuten der Bilder fiel mir schwer. Vermutlich lag es daran, dass ich vom Umgang mit Bildern und deren Deutung bisher wenig Ahnung hatte. Es war zwar nicht das erste Mal, dass ich mit dieser Form von Gottes Wirken und Reden zu tun hatte, aber es spielte bisher eine eher untergeordnete Rolle. In der Frömmigkeitstradition, in der ich lebe, hat der Umgang mit Visionen oder Prophetien wenig Raum. Vielmehr stand ich der ganzen Sache etwas skeptisch gegenüber. Ich habe diese Dinge nicht abgelehnt. Ich empfand mich einfach zu sehr als Kopfmenschen, um mich auf diese Form der Frömmigkeitspraxis einzulassen. In der theologischen Reflexion sah ich es durchaus als Möglichkeiten von Gottes Wirken, auch in der heutigen Zeit. In Anbetracht von herbei gewünschten Bildern und unzutreffenden Prophetien im Christentum hatte ich mich für Zurückhaltung entschieden. Ich wollte lieber darauf verzichten, als es falsch zu machen. Wenn ich mal etwas in dieser Richtung erlebte, dann behielt ich es lieber für mich.

In der Konsequenz war ich also unsicher mit der ganzen Sache, versuchte nun aber die Bilder von Baum und Zug zu deuten. Beim Baum war ich sehr schnell bei Psalm 1. Er beschreibt, dass ein Mensch, der Gottes Weg folgt, mit einem Baum verglichen wird, der am Wasser bepflanzt ist. Dann dachte ich daran, dass ein Baum ja fest steht und meinte, dass es darum geht, im Glauben fest zu werden. Ich überlegte, ob der Baum vielleicht für einen Ort stehen könnte, der einen Baum im Wappen hat oder ob es um eine Region mit Wald ging.

Der Zug ergab für mich noch weniger Sinn. Ging es um einen Bahnhof? Schließlich verstand ich nur Bahnhof und sah den Wald vor lauter Bäumen nicht.

Erst später lernte ich, dass es wenig bringt, die Bedeutung von Bildern zu ergrübeln. Trotzdem nahm ich die Bilder in meinen Gedanken mit. Ich hatte nämlich den Eindruck, dass es Bilder waren, die mir Gott geschenkt hatte und die für mich noch Gewicht bekommen sollten.

Inzwischen war es so, dass durch die Corona-Pandemie sehr viele Gottesdienste und geistliches Programm ins Internet verlagert wurden. Gerade in der Anfangszeit experimentierte nicht nur ich selbst in unserer Gemeinde mit Online-Formaten. Irgendwie schien sich auf einmal alles dort abzuspielen. Teilweise fand ich es auch überfordernd, das Angebot zu sondieren und auszuwählen, was ich davon für mich oder die Gemeindearbeit nutzen möchte.

Wenige Wochen nachdem ich Baum und Zug gesehen hatte, saß ich zu Hause auf dem Sofa. Ich nahm mein

Handy und schaute mir den Livestream aus einem Gebetshaus an. Dort lief gerade eine Meditation, in der es um einen Baum am Wasser ging. Zwei Frauen lasen, beteten und sangen über dieses biblische Motiv. Aber es war nicht Psalm 1, sondern Jeremia 17, Vers 8. *Der ist wie ein Baum, am Wasser gepflanzt, der seine Wurzeln zum Bach hin streckt. Denn obgleich die Hitze kommt, fürchtet er sich doch nicht, sondern seine Blätter bleiben grün; und er sorgt sich nicht, wenn ein dürres Jahr kommt, sondern bringt ohne Aufhören Früchte.*

Ich hörte der Meditation zu und die Aussage vom Dürrejahr schlug bei mir ein. Es war, als würde Gott selbst dieses Wort mit einem Rotstift fett unterstreichen. In diesem Moment war mir klar, was das Bild bedeutete. Diese Bedeutung ließ mich aber nicht voller Freude vom Sofa aufspringen und tanzen. Ich saß da und wusste: Gott bereitet dich auf ein dürres Jahr vor. In meinem Fall hieß das Arbeitslosigkeit. Es machte mir keine Angst. Aber wenn es wirklich so eintreffen sollte, dann würden unsere Planungen komplett über den Haufen geworfen werden.

Meine Frau hatte schon angefangen, die ersten Umzugskisten zu packen. Wir hatten bereits die Kündigungen für Sportverein und Musikschule geschrieben. Auch wenn wir noch nicht wussten, wohin es gehen würde, waren wir als Familie voll auf einen Wechsel eingestellt. Doch dann so ein Reden Gottes, dass ein Dürrejahr bevorsteht.

Zwei Dinge ließen mich bei diesem Gedanken nicht ängstlich werden oder verzweifeln. Zum einen: Wenn Gott schon jetzt darum weiß und mich darauf vorbereitet, dann läuft dabei nichts aus dem Ruder. Ich bin mit meiner Familie nicht einfach einem gnadenlosen Schicksal ausgeliefert, sondern alles ist in Gottes Hand. Er sieht, was Sache ist. Er hat die Kontrolle. Zum anderen: Der Vers spricht von Früchten. Auch wenn uns ein schweres Jahr bevorstehen sollte, wird daraus etwas wachsen. Es wird etwas zu ernten geben. In allem Schweren wird Gott etwas Gutes wachsen lassen.

Ich selbst finde solche Sätze oft suboptimal. Sie mögen sachlich richtig sein. Aber sie wirken oft so, als müsse man aus allem noch etwas Gutes ziehen können. So als ob ich Gott noch darin rechtfertigen will, dass er es ja gut meint. Solch ein Verständnis finde ich persönlich problematisch. Denn nicht alle Situationen, die Menschen erleben, haben ein gutes oder schönes Ende. Auch das gilt es festzuhalten und auszuhalten.

Gottes Ankündigung eines Jahres Arbeitslosigkeit hat bei mir keine Euphorie ausgelöst. Sein Reden habe ich an dieser Stelle klar verspürt. Es war keine Ankündigung einer glorreichen Zukunft. Sondern es war vielmehr etwas in die Richtung: „Ralph, ein dürres Jahr steht dir bevor, aber hab keine Angst. Vertrau mir!“

13. Plan B wie Bleiben

Im Prinzip waren wir zeitlich schon ziemlich spät dran, wenn wir einen Wechsel im Sommer 2020 vollziehen wollten. Doch einen letzten Versuch startete ich noch. Ich kann nicht genau sagen, warum. Schließlich hatte ich schon die Ankündigung eines Dürrejahres erhalten. Auf der anderen Seite bestand ja immer noch die Möglichkeit, dass ich Gottes Reden nicht richtig verstanden hatte. Es konnte eventuell sein, dass ich mir das alles nur eingebildet hatte. Ein psychologischer Effekt, der mich in irgendeiner Form beeinflusst hatte. Zudem wollte ich nicht die Hände in den Schoß legen und mich dem Schicksal ergeben. Immerhin glaube ich an den Satz: „Gott hilft spätestens rechtzeitig“. Vielleicht gab es ja noch eine Chance für mich?

Ich wurde auf eine offene Stelle aufmerksam, die mir bereits neun Jahre früher mal aufgefallen war und die ich mir gerne anschauen wollte. Ich telefonierte, schrieb eine Bewerbung und wurde zum Gespräch eingeladen. So fuhr ich Ende Mai dann doch noch einmal zu einem Vorstellungstermin. Das Gespräch war angenehm und verlief positiv. Die Leute waren wirklich nett. Anschließend schaute ich mir noch drei Wohnungen an, die eventuell in Frage gekommen wären.

Auf der Rückfahrt reflektierte ich meine Eindrücke und spürte einen ziemlichen Druck auf mir. Mit den Menschen dort wäre ich sicher gut zurechtgekommen. Aber mein Gefühl sagte mir, dass die Stelle nicht zu mir passt. Ich konnte dies auch an verschiedenen Punkten festmachen, die ich wahrgenommen hatte. Also rief ich den Verantwortlichen an und sagte ab. Es war ein gutes Telefonat, in dem er mir meine Eindrücke bestätigte. Ich hatte Ruhe über dieser Entscheidung.

Einige Tage danach war Pfingsten und es sickerte in mein Gehirn, dass es wirklich der letzte Versuch gewesen war. Ich musste mich darauf einstellen, in die Arbeitslosigkeit zu gehen. Zugleich bedeutete es auch, dass wir aufhören konnten, Umzugskisten zu packen. Die Kündigungen von Musikschule und Sportverein mussten rückgängig gemacht werden. Unsere Wohnung hatten wir zum Glück noch nicht gekündigt. Dieses Risiko war uns dann doch zu hoch.

Auf einer Konferenz im Februar hatte ein Kollege zu mir gesagt, dass er unseren Mut bewundert, eine Anstellung zu beenden, ohne zu wissen, wohin es gehen soll. Er würde sich so etwas nicht trauen. Ich selbst hatte es gar nicht als besonders mutig empfunden. Für mich war es der normale Prozess eines Wechsels. Bisher war es immer so gelaufen. Und es ist immer gut gegangen. Rückblickend kann ich seine Aussage besser verstehen. Wir sind in eine Unsicherheit hineingegangen. Dies war mit dem Risiko verbunden, auch scheitern zu können. Genauso fühlte es sich nun an. Als mir bewusst wurde, dass ich voraussichtlich länger als ein oder zwei Monate arbeitslos sein werde, empfand ich es als ein Versagen.

Was hatte ich falsch gemacht? Wie konnte es sein, dass man als Pastor arbeitslos wird, wo Kirchen und Gemeinden doch immer davon reden, dass es einen Mangel an Personal gibt? Es gibt doch immer weniger Leute, die diesen Beruf ausüben wollen. Und da werde ich arbeitslos? Warum war ich nicht vermittelbar? Habe ich zu hohe

Ansprüche an die Gemeinden gehabt? War ich mir zu schade für Stellen, die wenig attraktiv oder unpassend zu meinem Profil waren? Hätte ich einfach irgendwas nehmen sollen?

Ich bin ein Mensch, der dazu neigt, die Dinge mit dem Kopf zu bearbeiten. Deshalb stelle ich mir solche Fragen und beantworte sie mir auch. Natürlich möchte ich nicht einfach irgendeine Stelle antreten. Nicht umsonst habe ich mit einem Coach intensiv daran gearbeitet, meine Stärken und Wünsche herauszuarbeiten. Um irgendwas anzunehmen, hätte ich mir den Aufwand sparen können. Ich bin der Überzeugung, dass es wenig Wert hat, dauerhaft in etwas zu arbeiten, was mir nicht liegt. Dann werde ich frustriert und unglücklich. Ich möchte meine Gaben und Stärken so nutzen können, dass ich darin im Einklang mit meinen Erfahrungen, Wünschen und Vorlieben arbeiten kann. Letztlich ist dies sinnvoller für mich und für die Gemeinde, in der ich mich einbringe. Nur so lässt sich das Potenzial entfalten. Alles andere wird über kurz oder lang ein Krampf.

Als klar wurde, dass wir als Familie nicht umziehen werden, kam für mich die Frage auf, wie ich mich in Bezug auf die Gemeinde positioniere, in der ich noch angestellt war, bald aber nicht mehr angestellt sein würde. Bisher war ich dort beruflich aktiv, habe die Gemeinde aber auch als meine geistliche Heimat gesehen. Wir besuchten den Gottesdienst als Familie, auch wenn ich mal ein Wochenende frei hatte. Wir taten das gerne, weil wir uns damit wohl fühlten.

Bisher vollzogen wir mit einem Stellenwechsel automatisch auch einen Gemeindewechsel. Wir konnten uns ganz natürlich neu orientieren, da wir an einen neuen Ort zogen. Dieser Einschnitt sollte nun aber wegfallen. Mir war bewusst, dass es für mich persönlich eine Herausforderung darstellen würde. Ich wollte verantwortlich mit dieser Situation umgehen, dass ich keine Verantwortung mehr tragen würde. Ich wollte mich bewusst rausnehmen, um für meinen Nachfolger kein Hindernis darzustellen. Er sollte in die Arbeit hineinfinden können ohne den Eindruck zu haben, dass ich beobachte, ob er auch alles in meinem Sinne fortführt.

Ich nutzte die Gelegenheit, dieses Anliegen in eine kollegiale Beratung einzubringen. Diese Form der Beratung unter Kollegen habe ich immer als sehr wertvoll empfunden. Ich habe mein Anliegen geäußert und fand die Rückmeldungen und Anregungen sehr hilfreich. Es wurde erneut deutlich, dass die Situation schwierig ist und dass sie durch die Pandemie zusätzlich verstärkt wird. Ich erinnere mich gut, dass eine Kollegin die Situation mehrfach und deutlich mit dem S.c.h.-Wort beschrieb. Am Ende der Beratung habe ich mir vorgenommen, mich mit alledem nicht unter Druck zu setzen. Ich wollte die Sache entspannt angehen und beobachten, wie es mir selbst dabei geht. Ich beschloss, mich nach meiner Verabschiedung Anfang Juli ein paar Wochen zurück zu nehmen. Ich wollte dann keine Aufgaben übernehmen und auch nicht an Veranstaltungen der Gemeinde teilnehmen. Diese Entscheidung fühlte sich richtig und befreiend an. Ich habe sie entsprechend kommuniziert, um für alle Seiten Klarheit zu schaffen. Für manche war meine Entscheidung sehr verständlich. Andere konnten sie weniger nachvollziehen. Für mich war es aber wichtig, einen klaren Schnitt zu machen.

Erfreulicher Weise konnte meine Verabschiedung in einem Präsenzgottesdienst stattfinden, auch wenn leider die übliche Feier mit Kaffee, Tee und Kuchen nicht möglich war. Neben der vielen Wertschätzung, den guten Worten und Wünschen war mir bei der Verabschiedung die Entpflichtung sehr wichtig. Nach vielen Jahren, in denen ich für verschiedenste Bereiche und Aufgaben Verantwortung getragen hatte, wurde ich nun von dieser Zuständigkeit entbunden. Es fühlte sich gut an.

Infolgedessen merkte ich, wie so langsam auch die Emotionen kamen. Nach der kognitiven Einsicht, dass ein Abschnitt zu Ende geht, ließ ich mich vorsichtig auf die Gefühlsebene ein. Trotzdem würde ich sagen, dass ich sie noch nicht wirklich zulassen konnte. Es war etwas von Unsicherheit bei mir. Ich wusste nicht, was kommen wird. Ich fühlte mich auch wie ein Versager und zweifelte an mir selbst. Zugleich war ich froh, keine Verantwortung in der Gemeinde mehr zu tragen und hoffte, den Sommer genießen zu können.

Ich hatte zwar noch keine neue Stelle in einer Gemeindearbeit gefunden, aber trotzdem hatte ich mich darum gekümmert, wie ich die Zeit in den nächsten Wochen und Monaten nutzen wollte. Ich freute mich auf zwei Projekte, die ich in den nächsten beiden Kapiteln beschreiben möchte.

14. Gottes Stimme

Im Frühjahr 2018 habe ich angefangen, einen kleinen Blog zu schreiben. Dabei strebte ich nicht an, dass sich daraus eine einflussreiche Homepage entwickeln muss. Ich wollte einfach eine Plattform aufbauen, auf der ich einige meiner Gedanken und Erlebnisse teilen kann. Ich nahm mir vor, den Blog nutzen, um meiner Freude am Schreiben einen Raum zu geben und mich ein wenig darin auszuprobieren.

Über das Bloggen kam ich auch dazu, einige Nachbarblogs (diesen Begriff habe ich mir bei einem Nachbarn geborgt) zu abonnieren. Einen davon schreibt eine Pastoren-Kollegin. In einem ihrer Beiträge informierte sie, dass sie ein Projekt plant, für das sie noch Testpersonen sucht. Ihre Idee war, ein Buch zu schreiben, in dem sie Möglichkeiten vorstellt, zu lernen, die Stimme Gottes wahrzunehmen. Dabei war es nicht entscheidend, ob man schon viel oder wenig Erfahrungen darin gesammelt hatte. Interessierte sollten lediglich bereit sein, sich auf die Übungen einzulassen und Rückmeldungen zu ihren Erfahrungen damit geben. Das Projekt sollte im August 2020 starten und war für drei Monate angesetzt. Somit war es zeitlich überschaubar. Ich meldete mich an und freute mich über diese Gelegenheit. Ich erhoffte mir, dass die Übungen meinen Glauben bereichern und mir helfen würde, Momente in der Gegenwart Gottes zu erleben.

Zunächst bekamen alle einen Fragebogen, in dem wir unsere bisherigen Erfahrungen und die Erwartungen an den Kurs aufschreiben konnten. Insgesamt gab es dann über den gesamten Zeitraum zehn Aufgaben mit verschiedenen Übungen. Die Projektleiterin hat sich viel Zeit genommen, ausführlich auf meine Rückmeldungen, Fragen und Eindrücke zu reagieren. Ich hatte das Gefühl, ohne Druck ihrerseits in die Übungen hineingehen zu können. Wenn mal Druck dabei war, dann kam er von mir selbst. Er entstand, wenn ich meinte, dass unbedingt etwas passieren müsse. Es war aber auch schnell klar, dass Druck kontraproduktiv ist. Er blockiert die Antennen. Es braucht Ruhe, um mich darauf einzulassen, auch wenn es vielleicht nur recht kurze Momente der Ruhe sind.

Wenn es um das Hören der Stimme Gottes geht, dann ist es keine akustische Wahrnehmung. Zumindest habe ich es nicht so erlebt. Mag sein, dass Menschen sie hören. Bei mir sind es Bilder oder Eindrücke. Vor meinem inneren Auge entstehen entweder Standbilder oder kurze Sequenzen. Diese sind oft nur schemenhaft und enthalten wenige Details. Leute mit mehr Übung mögen ihre Bilder vielleicht deutlicher sehen. Manchmal war es auch wie eine Fortsetzungsgeschichte. Dann hat sich eine Sequenz an die vorherige angeschlossen.

Bei der Deutung der Bilder habe ich gelernt, dass mir das Grübeln nicht hilft. Die Bilder erschließen sich selten durch intensives Nachdenken. Vielmehr ist es oft ein spontaner Impuls oder ein Eindruck, der das Bild erklärt. Manches hat sich mir auf diese Weise erschlossen. Anderes konnte ich nicht deuten. Und das ist dann auch okay. Ich glaube, dass Gott die Dinge, die er mir zeigen will, so zeigt, dass ich sie verstehe. Nicht alle Bilder oder Eindrücke, die ich habe, müssen schließlich von Gott kommen. Wenn sie von Gott kommen, dann führen sie zu einem tieferen Verständnis meiner selbst oder auch von

Gott. Vor allem aber führen sie zu einem tieferen Frieden. Selbst wenn Gott Dinge zeigt, die unangenehm oder schwierig sind, stellt sich sein Frieden ein. So war es auch, als er mich darauf vorbereitet hatte, dass mir ein Dürrejahr der Arbeitslosigkeit bevorstand.

Inzwischen ist es so, dass ich selten so gezielt auf die Suche nach Bildern gehe. Vermutlich liegt es daran, dass mein Glaubensleben größtenteils nicht durch eine Tradition geprägt wurde, in der Bilder eine besonders starke Bedeutung haben. Trotzdem erlebe ich es als eine große Bereicherung. Ich bin offen dafür und erlebe hin und wieder Momente, in denen sich Gott auf diese Weise offenbart und mir Dinge zeigt, die für mich in diesen Zeiten wichtig sind. Von daher bin ich wirklich sehr dankbar dafür, dass ich an diesem Projekt teilnehmen konnte. Es hat meinen Glauben bereichert und sogar vertieft. Mein Vertrauen zu Jesus ist gewachsen. Ich weiß, dass ich mit ihm rechnen kann.

In einem späteren Kapitel werde ich auf zwei zusammenhängende Bilder eingehen, die ich in dieser Zeit bewusst wahrgenommen habe.

15. Plan C wie Coaching

Das zweite Projekt, das ich für die Zeit der Dürre plante, war eine berufliche Fortbildung. Als feststand, dass ich nicht nahtlos in eine neue Gemeinde wechseln werde, machte ich mir Gedanken, wie ich die kommende Zeit gut und sinnvoll nutzen könnte. Schon einige Jahre tauchte bei mir zwischendurch immer wieder mal der Gedanke an eine Coaching-Ausbildung auf.

Während des Studiums hatte ich ein zweimonatiges Gemeindepraktikum absolviert. Nach drei Jahren des Studiums und begleitender Praktika sollte ich nun etwas intensiver in die Arbeit mit Kindern, Jugendlichen und Erwachsenen eintauchen. Es war eine bunte Palette von Veranstaltungen und Gruppentreffen, in die ich in dieser Zeit involviert war. Am Ende des Praktikums gab es ein Auswertungsgespräch. Neben verschiedenen positiven Rückmeldungen gab es auch Feedback zu meiner zurückhaltenden Art. Daran müsse ich arbeiten. In den folgenden Monaten erlebte ich ein Coaching. Es hat mir sehr geholfen und mich an diesem konkreten Punkt weitergebracht.

Für die Abschlussarbeit des Studiums hatte ich mich für die Frage nach Mentoring-Beziehungen in der Mitarbeiterbegleitung entschieden. Ich kann gar nicht mehr genau sagen, was die auslösende Motivation war. Vermutlich war es aber der Wunsch, mich mit dieser Arbeit auch auf die kommende Praxis vorzubereiten. Rückblickend hat sich das von mir entworfene Modell nur bedingt als umsetzbar erwiesen, wobei ich die Ansätze immer noch für absolut wertvoll ansehe. Mentoring ist ein wesentlicher Baustein in der Förderung und Begleitung in der Mitarbeit in Gemeinden.

Ich bin mir bewusst, dass ich hier die Begriffe Coaching, Mentoring und Begleitung in einen Topf werfe. Manche mögen die Hände über dem Kopf zusammenschlagen, denn ich vermische Dinge, die jeweils ihre eigene Ausrichtung und Zielrichtung haben. Mir geht es hier aber nicht um die fachlich korrekte Definition dieser Begriffe. Vielmehr wird für mich deutlich, dass meine Erfahrungen mit diesen Formen der Begleitung den Weg in die Coaching-Ausbildung vorbereiteten.

In den ersten Jahren meines Gemeindedienstes hatte ich Mentoren, die mich begleitet, unterstützt und gefördert haben. Die ersten zwei Jahre waren dabei etwas intensiver, weil es über die Ausbildung organisiert war. Doch auch nach den ersten beiden Jahren habe ich mir Menschen gesucht, mit denen ich mich getroffen habe, um mit ihnen Dinge zu besprechen, die mich sowohl beruflich als auch privat beschäftigt haben.

Zusätzlich habe ich über die gesamte Dienstzeit an kollegialen Beratungen teilgenommen. Diese Form der Beratung habe ich immer als absolut wertvoll erlebt. Auch bei Treffen, in denen ich selbst keine Fälle eingebracht oder nicht die Gesprächsleitung übernommen habe, war es gewinnbringend. Ich habe erlebt, dass es im pastoralen Dienst überlebenswichtig ist, solch eine Form des Austauschs, der Reflexion und Beratung zu genießen.

Ich bin der Überzeugung, dass nicht nur hauptamtlich Mitarbeitende im Kontext von Kirche und Gemeinde davon profitieren, wenn sie über Herausforderungen sprechen und sich mit neuen Perspektiven auseinandersetzten können. Wir alle brauchen Menschen, die uns ein Gegenüber sind. Wir brauchen einen geschützten Rahmen, in dem wir reden und nachdenken können. Wir brauchen Menschen, die uns ihre Sicht auf Situationen anbieten dürfen. Es ist kein Zeichen von Schwäche, andere nach ihrer Meinung zu fragen. Vielmehr gewinnen wir alle, wenn wir uns auf solche Prozesse einlassen.

Für mich war es nicht nur wohltuend, selbst von Coaching, Mentoring und Beratung zu profitieren. Ich habe auch gemerkt, wie bereichernd es für mich ist, wenn ich andere Menschen begleiten kann. Sehr intensiv habe ich dies in den letzten Jahren erlebt, in denen ich über einen Zeitraum von jeweils sechs bis zehn Wochen Praktikanten begleiten konnte. Die jungen Frauen und Männer waren in einer theologisch-pädagogischen Ausbildung und haben in unserer Gemeinde ein Praktikum absolviert. Ich habe sie in dieser Zeit als Praxisanleiter begleitet. Wir haben uns regelmäßig getroffen, um Aufgaben zu besprechen und zu reflektieren. Es war spannend, sie alle in ihrer Unterschiedlichkeit zu erleben. Es ist für mich eine erfüllende Erfahrung, den Leuten Möglichkeiten zu geben, in denen sie sich ausprobieren können und zu sehen, wie sie ihr Potenzial entdecken, es nutzen und wachsen.

Es ist also nicht verwunderlich, dass sich der Wunsch nach einer Coaching-Ausbildung entwickelte, die ich für die Arbeit in der Gemeinde nutzen kann. Bisher hatte ich aber nie die zeitlichen Freiräume gesehen. Ich fühlte mich dafür zu sehr in die berufliche Praxis eingebunden. Außerdem waren unsere eigenen Kinder noch klein und ich wollte meine Zeit in Ehe und Familie investieren. So trug ich den Wunsch nach einer Fortbildung bereits in mir, als die Arbeitslosigkeit vor mir lag.

Ich informierte mich über Möglichkeiten, die für mich in Frage kommen könnten. Das ganze Feld von Coaching ist unglaublich groß und für meine Begriffe auch unübersichtlich. Ich suchte etwas, was in meine Situation passt, was ich innerhalb der begrenzten Zeit durchführen kann und was mir für meine berufliche Zukunft weiterhilft. Ich habe mich für ein Fernstudium „Psychologischer Berater – Personal Coach“ entschieden und bin sehr dankbar, dass ich dabei durch die Bundesagentur für Arbeit unterstützt wurde. Ich konnte den Kurs über den Zeitraum von sechs Monaten in Vollzeit absolvieren. Das erwies sich umso mehr als Glücksgriff, da wegen der Pandemie über lange Zeit Präsenzveranstaltungen untersagt waren.

Ich habe aber nicht nur durch das Arbeitsamt Unterstützung erfahren. In meiner Sondierungsphase, als ich mich für die Coaching-Ausbildung entschieden habe, fand auch meine Verabschiedung aus der Gemeinde statt. Zu der Zeit war noch unklar, ob das Amt auch eine Praxisseminarwoche bezahlen würde. Eigentlich war es schon klar, nur mir noch nicht. Da das Fernstudium überwiegend Theorie vermittelt, wollte ich gerne am Praxisseminar teilnehmen. Später beim Bearbeiten der Studienhefte habe ich gemerkt, dass auch in den Heften viele praktische Übungen und Möglichkeiten der Selbsterfahrung eingeflochten sind. Dennoch ist das Üben und Reflektieren auf einem Seminar natürlich nochmal auf einem anderen Level angesiedelt. Als ich noch über die Anmeldung zum Seminar nachdachte, bekam ich zum Anlass meiner Verabschiedung auch viele Umschläge mit persönlichen Grüße, guten Wünschen und farbigen

Scheinen geschenkt. Als ich die Scheine aufeinanderlegte und ihren Wert zusammen addierte, ergab sich die Summe, die das Seminar kosten sollte - exakt auf den Euro genau! Ich verstand es als einen deutlichen Hinweis und eine Bestätigung, dass ich mich genau auf diese Ausbildung einlassen kann. Mit einem Augenzwinkern machte Gott mir wieder einmal deutlich, dass er mich nicht im Stich lässt.

Das Fernstudium selbst war durchaus herausfordernd. Zwar kannte ich einige Themen aus dem Studium und aus einer Seelsorgefortbildung, musste mich aber auf das Lernen mit den Studienheften einlassen. Es war viel Stoff zum Lesen und Bearbeiten. Es galt, Fallbeispiele zu analysieren, Methoden anzuwenden, Coaching-Übungen durchzuführen und Selbsterfahrungen zu reflektieren.

Insgesamt musste ich zehn Einsendeaufgaben mit mehreren Unteraufgaben bearbeiten und zur Bewertung einsenden. Jedes Mal war ich etwas angespannt, weil ich nicht abschätzen konnte, wie gut meine Antworten bewertet werden würden. In den allermeisten Fällen waren sie dann aber sehr gut, was mich natürlich außerordentlich gefreut hat.

Eine Unterstützung war für mich auch eine Gruppe in einem Messengerdienst, die über den Online-Campus erstellt worden war. Wir konnten uns bei manchen Fragen austauschen (ohne Ergebnisse zu verraten), und haben uns auch mal zu einer Videokonferenz verabredet. Die Teilnahme an einer Peergroup, die sich auch im Internet trifft, war ebenfalls eine super Sache. Es konnten Inhalte vorgestellt und in Kleingruppen geübt werden. Dies waren auch Punkte, an denen ich wieder merkte, wie schön es ist, gemeinsam mit anderen Menschen unterwegs zu sein.

Das Praxisseminar sollte im Februar 2021 stattfinden, wurde aber aus mehrfach erwähntem Grund in den April verschoben. Der Termin im April wurde dann von Niedersachsen nach Hessen gelegt, um dann letztlich doch an einem anderen Ort in Niedersachsen gehalten zu werden. In der Tat war dieses Seminar für mich der krönende Abschluss der Coaching-Ausbildung. Trotz der Corona-Bedingungen mit Masken und Abstand entstand sehr schnell eine positive und vertrauensvolle Atmosphäre unter den Teilnehmenden. Die Übungen waren tiefgehend und mit viel Selbsterfahrung und Reflexion verbunden. Es war eine intensive und wertvolle Woche.

16. Neue Hoffnung

Mit den sinkenden Infektionszahlen im Sommer 2020 entstand auch ein Gefühl von neuen Möglichkeiten. Viele gingen davon aus, dass sich diese Entwicklung fortsetzt und wir im Laufe der nächsten Monate zur gewohnten Normalität zurückkehren können. 2021 winkte am Horizont als ein hoffnungsvolles Jahr nach den Einschränkungen im Jahr 2020.

Ich war gut beschäftigt mit der Fortbildung und dem Gottes-Stimme-Projekt. Natürlich habe ich den Stellenmarkt weiter beobachtet. Zum Herbst hin erwartete ich, dass neue Ausschreibungen veröffentlicht werden. Es sollte sich aber zeigen, dass weit weniger Bewegung ins Spiel kam, als ich mir gewünscht hätte.

Dabei war es nicht so, dass es gar keine freien Stellen gab. Allerdings waren es nicht besonders viele. Dazu kam, dass 90 Prozent der Ausschreibungen weiterhin Mitarbeitende für den Kinder- und Jugendbereich suchten. Dieser Trend schien sich fortzusetzen.

Ich betrachtete die Situation aber noch recht entspannt. Es war schließlich erst Herbst. Viele Gemeinden mussten sich nach der ersten Welle der Pandemie orientieren und warteten einfach noch ein bisschen ab.

Außerdem hatte ich noch eine offene Bewerbung laufen. Wir hatten bereits im Frühjahr einen Vorstellungstermin angesetzt, der wegen Corona zunächst verschoben und dann abgesagt wurde. Wir hatten vereinbart, für das Folgejahr wieder miteinander ins Gespräch zu kommen. Ich war überrascht und erfreut, dass ich bereits für Oktober eine erneute Einladung für ein Bewerbungsgespräch und einen Vorstellungsgottesdienst erhielt.

Wie ich beschrieben habe, nahm ich in dieser Zeit am Projekt „Gottes Stimme hören“ teil. Bereits in der ersten Übung kam es zu einer Gottesbegegnung. Während der Übung machte ich mich auf den Weg zu Gott und befand mich nach anfänglichen Hemmungen vor einer Berghütte. Für mich war es unerwartet, da ich lieber zu einem Haus am Meer gegangen wäre und zwischenzeitig noch vor einem anderen Haus stand. Als ich den Innenraum der Hütte betrat, sah ich einen Holztisch, an dem für zwei Personen gedeckt war. Ich spürte, dass noch jemand im Raum war, konnte ihn aber zunächst nicht sehen. Wir unterhielten uns und ich fragte ihn, ob er sein Brot selbst backt. Im Nachhinein habe ich mich über meine Frage gewundert. Ich treffe Gott und frage ihn, ob er Brot backt. Aber er hat bejaht. Anschließend haben wir uns noch auf die Bank vor der Tür gesetzt.

Den Gedanken, dass Gott selbst Brot backt, habe ich aus dieser Übung mitgenommen. Ich konnte ihn mit Jesus als dem Brot des Lebens und mit dem Abendmahl verknüpfen. Dennoch begleitete mich der Gedanke weiter. Ich spürte, dass noch mehr darin stecken könnte. Einige Zeit später sah ich in den sozialen Netzwerken ein Gedicht, in dem Gott spricht: „Es werde Brot!“ und er mit am Tisch sitzt. Fast zeitgleich suchte ich einen Predigttext für den Vorstellungsgottesdienst und wurde gebeten, über Erntedank zu predigen. Der vorgeschlagene Text für diesen Tag handelt von der Speisung der 4000. Für mich passte das zusammen. Ich war bereit für das Thema Brot. Ich wollte darüber sprechen, dass Jesus genug Brot für alle hat.

Doch zunächst stand das eigentliche Vorstellungsgespräch an. Einige Tage vor dem Gespräch bekam ich einen Anruf eines Leitungsmitgliedes der Gemeinde. Ich fand es sinnvoll. Denn am Telefon lässt sich manches besser besprechen als im Hin- und Herschicken von Emails. Ich wurde gebeten, bei meiner Vorstellung ganz ich selbst zu sein. Aus meiner Bewerbung gingen bereits meine Fähigkeiten und Stärken hervor. Nun wollten sie erkennen, wer ich als Mensch bin. Zunächst war ich etwas irritiert als am Anfang des Gespräches eine kritische Nachfrage kam, anschließend dann der Wunsch nach Einblick in mein Leben. Nachdem ich dann den Hörer auflegte, war ich dankbar für das Gespräch. Es hatte mir den Druck und die Anspannung genommen, die ich im Vorfeld hatte. Ich stellte mich darauf ein, offen in das Gespräch zu gehen und nicht nur meine Stärken zu präsentieren, sondern auch über Schwachpunkte reden zu können.

Als ich dann im Bewerbungsgespräch saß, übernahm irgendwann das Leitungsmitglied das Wort und begann mit der gleichen kritischen Nachfrage wie schon am Telefon und legte relativ scharf mit weiteren Fragen nach. Die Schärfe wurde auch von anderen aus der Runde bemerkt und versucht, sie etwas herauszunehmen. Phasenweise kam ich mir vor als wäre ich in einem Verhör. Ich muss sichtlich irritiert gewirkt haben, da ich mich nach dem Telefonat auf eine andere Atmosphäre eingestellt hatte. Die Folge war, dass ich mich unwohl fühlte und erst zum Ende des Gespräches meine Fragen und Anliegen einbringen und mehr Profil zeigen konnte. Ich würde sagen, dass ich in diesem Gespräch eine ziemlich schwache Vorstellung abgegeben habe. Ich spürte diese

Unstimmigkeit und signalisierte am nächsten Tag mit einer Email meine Bereitschaft, über den einen oder anderen Punkt noch mal ins Gespräch kommen zu können. Wir hatten ja den Termin für den Gottesdienst vereinbart und würden uns bei dieser Gelegenheit wiedersehen. Es war merkwürdig, aber ich hatte noch Hoffnung.

Zum Gottesdienst fuhren wir als ganze Familie, um die Gemeinde kennenzulernen. Ich hatte mich gut auf die Brot-Predigt vorbereitet. Vor dem Gottesdienst stellten sich alle Beteiligten des Gottesdienstes in einen großen Kreis und beteten miteinander. In dieser Zeit hatten wir vom „Stimme-Gottes-Projekt“ die Aufgabe, immer wieder im Gebet danach zu fragen, wo Jesus gerade ist. Als wir alle dort in der Runde standen und beteten, stellte ich Jesus diese Frage im Stillen. Dabei sah ich, wie er hell leuchtend seine Arme um uns Betende legt und somit verbindet. Dieses wohltuende Gefühl wurde bestätigt, als ich die gleiche Frage zu Beginn des Gottesdienstes erneut stellte und sah, wie Jesus das ganze Gebäude umarmt. Während des Gottesdienstes wurde ich interviewt und hielt eine Predigt, von der meine Tochter anschließend sagte, dass es die beste Predigt war, die sie von mir gehört hat. Die Begegnungen im Anschluss waren sehr angenehm. Wir tranken Kaffee und führten dabei interessante und angeregte Gespräche. Auffällig war nur, dass ein Großteil der Leitungsmitglieder den Kontakt zu uns mieden und auch keine Bereitschaft zum Gespräch über meine Nachfragen signalisierten.

Als ich abends im Bett lag, sah ich ein inneres Bild, das mir nicht gefiel und das ich von mir wegschob. Ich sah, wie ein Band zerschnitten wurde und hatte dabei die Ahnung, dass es etwas mit dieser Gemeinde und meiner

Bewerbung zu tun hat. Weil ich unruhig war, versuchte ich am nächsten Tag Kontakt zu den Verantwortlichen zu bekommen. Ich erhielt einen Rückruf, in dem mir die Absage mitgeteilt wurde.

Meine innere Unruhe und die unstimmigen Eindrücke im Zusammenhang mit dem Vorstellungsgespräch und dem Gottesdienst hatten mich zwar schon ahnen lassen, dass es zu einer Absage kommen könnte, aber als sie dann tatsächlich geäußert wurde, war ich schockiert. Ich fühlte mich unfair behandelt und sogar gedemütigt. Ich war wie gelähmt.

In den nächsten Tagen ploppten die verschiedensten Emotionen auf. Da waren vor allem diese destruktiven Gefühle wie Wut, Enttäuschung und Zorn. Aber ich war auch traurig und fühlte mich verletzt. Nach der ersten Terminverschiebung wegen Corona war ein halbes Jahr vergangen. Ich hatte den Eindruck, dass man mich auflaufen lassen hatte, zumal zwei Wochen später diese Stelle mit teilweise geänderten Profilvorstellungen für die Bewerber neu ausgeschrieben wurde. Für die coronabedingten Verschiebungen konnte niemand etwas. Das war mir klar. Aber sechs Monate auf ein Gespräch zu warten und dann so abgefertigt zu werden, fühlte sich für mich und meine Familie sehr bitter an.

In dieser Zeit behandelten die Studienhefte meiner Coaching-Ausbildung das Thema der kognitiven Umstrukturierung und Umdeutungen. Dabei wurde auch die Methode „S.T.E.P. Pro“ vorgestellt. Sie ist geeignet, wenn ein Klient andere Menschen für das eigene Unglück oder Problem verantwortlich macht. Genau das tat ich. Die Verantwortlichen dafür, dass es mir gerade schlecht ging, saßen mit mir einige Tage vorher um mehrere Tische in einer Runde.

Das geniale am Werkzeug „S.T.E.P. Pro“ ist vor allem das „S“. Es steht für das Schimpfen. Ich habe die Methode für mich selbst mit meiner Situation durchgespielt. Zuerst habe ich meine Gedanken und Urteile über die anderen Personen aufgeschrieben. Dabei habe ich, wie es zur Methode gehört, jegliche sozialen Filter ausgeschaltet. Während und nach dem Aufschreiben habe ich die Dinge auch ausgesprochen. Dabei bin ich zeitweise aufgestanden, habe mit der Hand auf den Tisch gehauen und meiner Wut und dem Ärger Luft gemacht. Diese angestauten Emotionen mussten raus. Ich wollte ja nicht verbittert oder deprimiert werden. Ich wollte konstruktiv mit der Situation umgehen. Dafür musste ich aber die Gefühle zulassen. Die Methode hat mir dazu die Gelegenheit gegeben. Es war sehr befreiend.

In der Folge ging es bei den anderen Buchstaben der Methode darum, meine Interpretationen von den Beobachtungen zu trennen und zu entscheiden, an welchen Bewertungen ich festhalten möchte und welche ich loslassen und verändern möchte. Während dieses Prozesses habe ich anerkannt, dass ich während des Bewerbungsgespräches nicht gut in Form war. Es gab von Beginn an seltsame Übertragungen von Unsicherheit. Nicht nur ich war unsicher, sondern andere Gesprächsteilnehmer auch. Von mir wurde aber, entgegen meiner Auffassung nach dem Telefonat, ein absolut selbstsicheres Auftreten erwartet. Außerdem ist mir bewusst geworden, dass nicht nur ich einen schlechten Tag hatte. Es mangelte teilweise an Wertschätzung und einer gesunden Professionalität.

Ich konnte während des Übens dieser Coaching-Methode meinem Ärger Luft machen, mich von manchen Bewertungen trennen und auch eigene Anteile erkennen. Ich hatte mir vorher gut vorstellen können in dieser Gemeinde zu arbeiten. Hinterher habe ich erkannt, dass es vom Miteinander und den gegenseitigen Erwartungen nicht gepasst hat. Auch wenn es mir schwerfiel, konnte ich einen Haken daran machen.

17. Die Krise schlägt voll ein

Es dauerte nicht lange. Vielleicht waren zwei oder drei Wochen vergangen, als ich auf meinem Blog einen anonymen Kommentar erhielt. Der Kommentar bezog sich auf einen Eintrag, der schon mehrere Monate zurücklag und somit nicht auf den ersten Klick zu finden war. Darin schrieb ich kurz und knapp darüber, dass ich schon einige Zeit nach einer neuen Stelle suche und wie es sich für mich anfühlt, arbeitslos zu werden. Der Kommentar ging ziemlich hart ins Gericht mit meinem Blog allgemein und mit mir als Person.

Da mein Blog eher klein und ziemlich unbekannt ist, hatte ich bisher wenige Rückmeldungen bekommen. Wenn ich Feedback erhielt, war es meist lobend, ermutigend und anerkennend. Doch dieser Kommentar warf mir vor, dass meine Beiträge schlecht geschrieben sind. Außerdem hätte ich kein Feuer. Künftige Arbeitgeber würden sich im Internet über Bewerber informieren. Mit so einem schwachen Blog würde es schwer werden, eine neue Stelle zu finden.

Diese Anmerkungen trafen mich. Ich war nicht nur verwundert, sondern fühlte mich zu Unrecht angegriffen. Was sollte das? Ich konnte es mir nicht erklären und ließ mich darauf ein, zwei oder drei Mal zu antworten. Ich fragte, wie er dazu komme, mir so etwas zu schreiben. Die Reaktion war im Grunde nur eine Wiederholung des eigentlichen Kommentars. Zwar schrieb er auch, dass er mich damit nicht verletzen wolle, empfunden habe ich es aber trotzdem. Zumal er sich nicht zu erkennen geben wollte und die Intention seiner Aussagen nicht erklärte. Ich habe dann die Kommentare gelöscht.

Einige Tage beschäftigte mich diese Situation sehr intensiv. Ich fragte mich, wer hinter der Aktion stecken und was das eigentliche Anliegen gewesen sein könnte. Ich betete auch über diese Fragen. Ich wurde aber erst ruhiger, als ich Jesus im Gebet sagte, dass es okay für mich ist, wenn ich nie erfahren werde, wer mir geschrieben hat. Ich musste damit leben lernen, dass es jemanden gab, der mir absprach, Pastor sein zu können. Es traf mich sehr, weil ich meinen Beruf liebe. Außerdem hatte ich bei jemand anderem in einer früheren Situation miterlebt, dass anonyme Kommentare so zu werten sind als würden sie nicht existieren. Diese Einsicht lässt sich theoretisch wunderbar formulieren. Die Praxis zeigt aber, dass es eben doch nicht so leicht ist. Denn den Kommentar hat es schließlich gegeben. Ich habe ihn gelesen und darüber nachgedacht. Damit wurde etwas gesät, was zu keimen begann.

Der Grund, warum der Kommentar Nachwirkungen hatte, war nicht nur, dass es ihn gegeben hat, sondern auch, dass er einen Punkt traf, an dem ich verletzlich war. Dieser Punkt heißt: Selbstzweifel. Immerhin hatte ich es bisher noch nicht geschafft, eine neue Stelle zu finden. Stattdessen saß ich an meinem Schreibtisch im Wohnzimmer, bearbeitete Studienhefte und übte mich im Coaching. Noch wenige Wochen zuvor hatte ich zwar eine hammer Predigt gehalten, aber im Bewerbungsgespräch kläglich versagt. Ich wusste, dass ich gerne als Pastor arbeite. Ich wusste immer noch, warum ich nach meiner Hinwendung zum christlichen Glauben eine Entscheidung für ein Theologiestudium getroffen hatte. Ich wusste um meine Berufung damals und Gottes Zusagen, die damit verbunden waren. Ich wusste aber auch, dass nicht jeder Tag meines Dienstes in der Gemeinde und an den Menschen ein glorreicher Tag war.

Ich bin ein Mensch, der sich selbst hinterfragt. Ich reflektiere viele Dinge, die ich tue. Wenn etwas nicht gelingt, dann suche ich die Schuld dafür nicht nur bei anderen, sondern frage auch nach meinen Anteilen. Was ich grundsätzlich für ein angemessenes Verhalten ansehe, kann aber eben auch zum Selbstzweifel führen. Wenn du gerade durch die Wüste gehst, dabei noch nicht mal die Oase am Horizont entdeckst, dann schmerzt Kritik und verunsichert. Du schaust dich nach allen Seiten um und es scheint so, als wäre überall nur Sand. Dürres Land.

Bis hierher hatte ich alles überwiegend mit dem Kopf bearbeitet. Ich hatte die rationalen Gründe erforscht, warum ein Stellenwechsel noch nicht stattfinden konnte. Ich hatte mich vor allem in meinen Gedanken mit der herausfordernden Situation beschäftigt. Die dazu gehörenden Gefühle habe ich lange Zeit nicht spüren können und auch nicht wollen. Ich dachte, ich muss stark sein. Ich nahm an, dass ich beherrscht bleiben muss, um mit Bedacht die nächsten Schritte zu gehen. Ich wollte nicht emotional werden, weil ich annahm, dass Emotionen den Verstand vernebeln.

Nun war ich allerdings in einer Situation, in der es nicht mehr funktionierte, Gefühle abzuwehren. Enttäuschung, Frust und Selbstzweifel wurden zu mächtig. Ich konnte sie nicht mehr weg argumentieren.

Durch die zuvor beschriebene Coaching-Methode hatte ich bereits einen Kanal geöffnet. Ich fing an, mir zuzugestehen, Gefühle zu erlauben – auch wenn sie für mich negativ besetzt waren.

Ja, ich war sauer. Ich war extrem verärgert darüber, dass mich jemand kritisierte ohne mir dabei sein Gesicht zu zeigen. Ich hatte Angst davor, weitere Male zu versagen und auch im folgenden Jahr immer noch ohne neue Stelle dazustehen. Ich war traurig, meine Frau und meine Kinder durch diese Situation zu belasten. Und es nervte mich, in einer Pandemie zu leben, durch die vieles noch verstärkt wurde. Die Leichtigkeit des Lebens ging verloren. Ich musste lernen, diese Gefühle spüren zu dürfen. Ich erlaubte mir Emotionen.

Was vielleicht erst mal positiv klingt, war für meine Familie nicht immer einfach. Sie bekamen viel direkter mit, wenn ich schlecht drauf war. Sie erlebten, wenn ich verärgert oder unzufrieden war. Dennoch war es notwendig, durch diese Phase hindurch zu gehen. Ein Bekannter erzählte mir in dieser Zeit, dass es in seinem Leben einen Abschnitt gab, in der er nicht in der Lage gewesen wäre, sich auf eine neue Stelle zu bewerben, weil er über sich selbst unsicher geworden war. Ich spürte, dass er mich in meiner Lage verstand und bereits selbst schon in einer ähnlichen Situation gewesen ist. Diese Empathie hat mir sehr geholfen, weil ich erkennen konnte, dass es solche Zeiten geben kann. Wenn mich gerade Selbstzweifel zerfressen, dann kann ich nicht voller Überzeugung auftreten und meine Stärken zeigen. Andere werden mir meine Unsicherheit abspüren. Dabei halte ich es nicht für problematisch, Schwächen zu haben. Es ist aber hilfreich, wenn ich um meine Schwächen weiß und darum, dass meine Stärken trotzdem für mich sprechen.

Damit war der Prozess der Krise noch nicht abgeschlossen. Ich steckte immer noch mittendrin. Das Annehmen der Emotionen war ein wesentlicher Meilenstein auf dem Weg hinaus. Daraus folgte die beschriebene Phase der Inkubation. In dieser Zeit der Selbstzweifel und der Unsicherheit gärte bereits ein Ansatz für weitere Schritte. Allerdings kostete mich der nächste Schritt eine große Portion Überwindung. Ich musste mir eingestehen, dass ich es alleine nicht schaffe. Ich brauchte Hilfe, um für Bewerbungen gut gerüstet zu sein. Bisher stand mir dabei ein innerer Glaubenssatz im Weg, der mich schon viele Jahre begleitet: Du musst es alleine schaffen. Realistisch betrachtet, stimmte dieser Satz auch schon vorher nicht. Ich habe an vielen Stellen meines Lebens Unterstützung erfahren. Trotzdem fiel es mir schwer, jemanden um Beistand zu bitten. Es war das Eingeständnis, dass ich Hilfe brauche.

Ich rief jemandem an und fragte ihn, ob er mal über meine Bewerbung lesen und mir dazu Rückmeldung geben kann. Er hatte schon viele Jahre Erfahrung im Bewerbungstraining gesammelt und selbst Personalverantwortung. Eigentlich ganz schön blöd, ihn erst jetzt zu fragen. Aber bis dahin dachte ich ja, ich kann es auch allein. Wobei ich sagen muss, dass mein letzter Stellenwechsel neun Jahre zurücklag und in meinem Bereich noch mehr mit Profilbögen gearbeitet wurde. Ich hatte im Prinzip kaum Erfahrung im Verfassen von Bewerbungen, mal ganz abgesehen davon, dass diese viele Jahre zurück lagen.

Ich schickte ihm meine Bewerbungsunterlagen. Irgendwann rief er mich zurück und sagte ohne große Umschweife: „Das wird jetzt unbequem." Zwar hat er auch betont, dass es immer auch ein Stück persönliches Empfinden ist, wie eine Bewerbung rüberkommt, aber meine war ihm zu sachlich und zurückhaltend. Das lag vor allem daran, dass ich davon ausging, dass eine Bewerbung sachlich sein müsse. Wir gingen meine Unterlagen ausführlich durch. Ich wurde herausgefordert, vieles neu zu schreiben. Dabei war es mir wichtig, nicht etwas zu formulieren, was ich nicht bin. Ich bin nicht der Typ Mensch, der sich gerne präsentiert. Es sollte immer noch meine Bewerbung sein. Ich wollte hinter den Worten stehen können. In den nächsten Monaten haben wir uns noch einmal getroffen und zweimal zu einer Videokonferenz verabredet. Nach der negativen Erfahrung mit dem letzten Vorstellungsgespräch wollte ich mich neu auf kommende Gespräche einstellen. Durch die Treffen mit ihm gewann ich wieder Sicherheit und Selbstvertrauen. Ich konnte mich neu fokussieren. Ich fühlte mich bereit, die nächsten Schritte zu gehen.

18. Ein Abenteuer

Während ich mich in die Coaching-Ausbildung vertiefte, zeitweise als Homeschooling-Lehrer fungierte und mich durchs Tal der Selbstzweifel kämpfte, hielt ich weiterhin aktiv Ausschau nach offenen Stellen. Ich stieß auf eine passende Ausschreibung und meldete mich beim Ansprechpartner. Er teilte mir mit, dass diese Stelle bereits besetzt ist, es aber bald eine weitere Option gäbe. Eine andere Gemeinde sei gerade dabei, eine neue Stellenanzeige zu formulieren. Er könne sich gut vorstellen, dass sie zu mir passt. Ich holte mir weitere Informationen ein und bewarb mich, sobald die Anzeige veröffentlicht worden war.

Bald darauf bekam ich die Einladung zu einem Vorstellungsgespräch in der Adventszeit. Ich freute mich und buchte ein Zugticket. Da es sich um einen Abendtermin handelte, würde ich dort übernachten und einen Tag später wieder nach Hause fahren.

Nun war es so, dass in der Vorweihnachtszeit 2020 die Corona-Zahlen deutlich anstiegen. Die Kontaktbeschränkungen wurden nochmals verschärft, damit Familienbesuche an Weihnachten ermöglicht werden konnten. Ganz Deutschland war in dieser Zeit kribbelig. Die meisten Menschen waren vom Virus genervt und wollten sich ins neue Jahr 2021 retten. Es war eine Stimmung, als würde mit dem Jahreswechsel eine neue Zeit anbrechen. Endlich dieses unsägliche Corona-Jahr hinter sich lassen. Es wurden im Zuge der Maßnahmen zur Pandemiebekämpfung auch Ausgangssperren erlassen. Bei diesem Hintergrund hatte ich volles Verständnis dafür, dass der Termin erst mal verschoben wurde. Für mich war es ein kleines Déjà-vu. Corona hatte mir schon einmal eine Terminverschiebung beschert.

Ich stornierte die Zugfahrt und beschloss, beim nächsten Mal das Auto zu nehmen. Damit wäre ich flexibler unterwegs.

Das Jahr 2021 begann. Die Pandemie war nicht über Nacht vorbei – was auch niemand erwartet hatte. Als die Infektionszahlen wieder sanken, erhielt ich einen neuen Termin für das Gespräch.

Inzwischen war es Februar und wir bekamen der Jahreszeit entsprechendes Wetter. Es wurde kalt, richtig kalt und es schneite. Ich rechnete damit, dass das Treffen erneut verschoben werden könnte. Diesmal nicht wegen der Pandemie, sondern wegen des Wetters. Es war aber nur die Sorge eines Norddeutschen. Dort, wo es öfter schneit, macht man sich deswegen deutlich weniger Gedanken.

Der Tag kam und ich fühlte mich gut vorbereitet. Das Auto vor der Haustür war mit Schnee bedeckt. Ich befreite den Wagen und wollte starten. Leider ging die Batterie in die Knie. Das Auto sprang nicht an und musste überbrückt werden. Ein entsprechendes Kabel lag im Kofferraum. Nur fehlte mir ein zweiter Wagen mit gefüllter Batterie. Ich ging zum Nachbarn, erklärte mein Problem und bat um Hilfe. Kurz darauf fuhr er mit dem Mini seiner Frau neben unsere Familienkutsche. Wir beide fanden jedoch den Hebel nicht, mit dem die Motorhaube geöffnet wird. Mein Nachbar ging wieder zurück, um seine Frau zu holen. In der Zwischenzeit bemühte ich die Internet-Suchmaschine auf meinem Handy, um die Lösung zu finden. Zu dritt gelang es uns schließlich. Wir schlossen die Kabel an und ich konnte mein Auto starten. Ich fuhr zum Bäcker, ließ den Motor laufen und versorgte mich mit Proviant. Anschließend steuerte ich das Auto Richtung Autobahn.

Der Verkehrsfunk meldete ein Fahrverbot für LKWs. Die Straßen im Nordwesten waren wirklich sehr verschneit und alle mussten vorsichtig fahren. Vorausschauend hatte ich mir einen großen Zeitpuffer eingeplant.

Nach etwa zwei Stunden Fahrt verspürte ich das Bedürfnis, an der nächsten Raststätte zu halten und die sanitären Anlagen aufzusuchen. Als ich auf den Verzögerungsstreifen fuhr, nahm ich schon die hohe Anzahl an LKWs wahr. Der komplette Rastplatz war voll geparkt. Ich überlegte kurz, ob ich doch weiterfahren soll, entschied mich aber abzufahren. Auf dem gesamten Gelände lag hoher Schnee. Überall standen dicht gedrängt Fahrzeuge. Ich kam langsam bis zu einem freien Platz an der Tankstelle. Dann ging nichts mehr vor oder zurück. Beim Rangieren halfen wir uns gegenseitig. Ich wurde von zwei anderen Fahrern angeschoben, weil die Räder durchdrehten. Es schneite unaufhörlich weiter. Die Fahrstreifen des Parkplatzes waren nicht befahrbar. Die einzige freie Spur war durch einen LKW blockiert. Ich stiefelte von einer Seite der Raststätte zur anderen und sprach mit einigen Fahrern. Es war nichts zu machen. Wir mussten warten, bis ein Räumfahrzeug kommt und einen Weg frei schiebt. Ich setzte mich in mein Auto und fühlte mich ohnmächtig. Ich konnte nichts machen. Ich betete und vertraute Jesus meine Situation an. Ich wurde ruhiger. Dann telefonierte ich um mitzuteilen, dass ich feststecke und nicht sicher sagen konnte, ob ich pünktlich sein würde.

Nach einer Stunde kam ein Räumfahrzeug und bahnte mit einer großen Schaufel einen Weg. Mit einiger Hilfe und etwas Anschieben konnten die Autos den Parkplatz nach und nach verlassen.

Inzwischen war meine Batterie durch die Fahrt wieder soweit aufgeladen, dass mein Wagen problemlos ansprang. Abgesehen davon, dass die Kupplung manchmal hakte, verlief der Rest der Fahrt ohne besondere Vorkommnisse. Ich kam rechtzeitig zum Vorstellungsgespräch. Es war sogar noch genügend Zeit, mich umzuziehen und eine Kleinigkeit zu essen.

Das Gespräch selbst verlief in einer angenehmen Atmosphäre. Ich empfand Offenheit und Wertschätzung. Beide Seiten konnten vieles ansprechen und Eindrücke sammeln. Ich konnte mir anschließend gut vorstellen, weitere Schritte im Bewerbungsverfahren zu gehen.

Am nächsten Morgen machte ich mich wieder auf den Heimweg. Das Auto sprang trotz deutlicher Minusgrade problemlos an. Auch die Rückfahrt verlief gut. Die Straßenverhältnisse waren immer noch suboptimal und ich musste oft langsam fahren, weil es so voll und die Fahrbahn verschneit war. Die Kupplung schien auch Probleme mit den Temperaturen zu haben. Aber ich hatte ja Zeit.

Eine Woche später erhielt ich die Absage. Ich telefonierte noch einmal mit dem Verantwortlichen, der mir die Entscheidung erklärte. Es wurde deutlich, dass es ein sehr gutes Vorstellungsgespräch war. Er zeigte viel Wertschätzung sowohl für meine fachliche als auch persönliche Eignung.

Trotzdem war meine Enttäuschung groß - gerade weil die Vorstellung so gut verlaufen war. Ich hatte viel Hoffnung gehabt, die nun verflog. Wir standen erneut ohne Perspektive da.

19. Gemeinden, was ist los?

Wenn ich dieses Kapitel schreibe, könnte der Eindruck entstehen, dass ich aufgrund meiner Erfahrungen und den damit verbundenen Enttäuschungen mit den Gemeinden abrechnen will. Ich möchte ausdrücklich betonen, dass dies nicht der Fall ist.

Im Laufe der verschiedenen Bewerbungsprozesse, als auch in der Coaching-Ausbildung und im Schreiben dieses Buches, habe ich viel über mich selbst gelernt. Manches davon fließt auf verschiedenen Seiten ein.

Ich habe aber auch einige Eindrücke über die Gemeinden gesammelt. Durch meine geistliche Prägung fühle ich mich in der Gemeinschaftsbewegung beheimatet. Ich mag die Bedeutung von Bibel, Gebet und persönlichem Glaubensleben. Ich stehe auch hinter dem missionarischen Anliegen. Ich freue mich über Bestrebungen, mit neuen Formen von Gemeindeleben zu experimentieren.

In diesem Kapitel möchte ich aus meinen Beobachtungen der letzten Jahre einige Gedanken formulieren. Dabei erhebe ich keinen Anspruch allgemein gültiger Aussagen. Dazu ist die Landschaft viel zu verschieden, selbst innerhalb der Gemeinschaftsbewegung. Es handelt sich auch nicht um wissenschaftliche Erhebungen oder empirische Forschung. Ich beschreibe meine subjektive Meinung aufgrund meiner Eindrücke, Erfahrungen, Gespräche und Beobachtungen. Ich glaube, dass daraus fruchtbare Impulse entstehen können, um den Fokus in der Arbeit zu schärfen.

Meine Annahme ist, dass viele haupt- und ehrenamtlich Mitarbeitende ein Herz für Gemeindearbeit haben und etwas vom Mangel der Strahlkraft ihrer Gemeinden spüren. Bei vielen ist es eher eine Ahnung, die noch nicht wirklich im Bewusstsein angekommen ist. Seit den 20 Jahren, in denen ich in der Gemeinschaftsbewegung unterwegs bin, lässt sich von einer Drittelung sprechen, die mit den Farben einer Ampel veranschaulicht werden kann.

Ein Drittel der Gemeinden ist im grünen Bereich. Sie sind insgesamt gesund und entwickeln sich.

Ein anderes Drittel ist im gelben Bereich. Sie stagnieren. Trotz Bemühungen geschieht wenig Bewegung nach vorne. Es werden kaum Menschen außerhalb des Gemeindegefüges erreicht. Der Altersschnitt beginnt zu steigen.

Das letzte Drittel ist im roten Bereich. Vieles ist rückläufig, unter anderem die Besucherzahlen und die Motivation. Ein großer Teil dieses letzten Drittels von vor 20 Jahren existiert heute nicht mehr.

Mein Eindruck ist, dass der gelbe Bereich wächst. Es gibt zunehmend Gemeinden, die sich in einer längeren Phase von wenig Bewegung befinden. Sie erleben, dass bisherige Konzepte nicht mehr in der gewünschten Form greifen. Es können noch viele Dinge geleistet werden. Gottesdienste und Veranstaltungen finden statt. Das Gemeindeleben an sich ist gut organisiert. Aber es gibt kaum Entwicklungen. Wenige kommen zum Glauben. Selten beheimaten sich Menschen neu in der Gemeinde. Ein großer Teil der Arbeit wird von immer den gleichen Personen geleistet. Die Frage nach wegweisenden Schritten in die Zukunft wird immer drängender.

Diese Wahrnehmung finde ich in diversen Stellenausschreibungen wieder. Ich habe weit mehr Ausschreibungen gelesen, als ich mich auf Stellen beworben habe. Ich habe auch Angebote bekommen, die ich in diese Kategorie einordnen würde.

An und für sich ist dieser Zustand von Gemeinden zwar bedauerlich, aber nicht das eigentliche Problem. Die Schwierigkeit sehe ich viel mehr im Umgang mit diesen Gegebenheiten. Mein Eindruck ist, dass dann vor allem zwei Wege beschritten werden.

Der erste Weg ist, in die Jugendarbeit zu investieren. 80 bis 90 Prozent der Ausschreibungen suchten hauptamtlich Mitarbeitende mit Schwerpunkt im Bereich Kinder und Jugend. Dies habe ich sowohl in der Gemeinschaftsbewegung als auch in den Freikirchen gesehen. Grundsätzlich würde ich diese Tendenz unterstützen, wenn sie nicht aus einem Mangelempfinden kommen würde. Ich vermute, dass oft in die Kinder investiert wird, weil man merkt, dass man keine Erwachsenen mehr erreicht. Man hat sich von deren Lebenswelt entfernt. Man merkt, dass es große Lücken gibt und versucht, den Kinder- und Jugendbereich zu unterstützen oder ganz neu aufzubauen.

Der zweite Weg ist, sich einen Pastor zu suchen, der durch seine mitreißende Art und faszinierende Ausstrahlung Menschen anziehen soll. Der Hauptamtliche soll neuen Schwung in die Mitarbeiterschaft bringen und selbst ein Magnet sein. Mein Eindruck war immer wieder, dass jemand mit messianischen Qualitäten gesucht wurde. Jemand, der die Gemeinde rettet. Da gibt es dann ein bestimmtes Bild eines Pastors, der durch sein Erscheinen eine neue Heilszeit anbrechen lässt. Eine charismatische

Führungspersönlichkeit, die aber auch teamorientiert agiert. Ein Macher, der die zündenden Ideen hat und umsetzt. Nur ein ganz bestimmtes Gabenprofil konnte zu diesen Stellen passen.

In der Gesamtheit ergibt sich dann doch wieder ein sehr buntes Bild. Mir begegnete auf Seiten der Gemeinden teilweise sogar Arroganz. Es gab Gemeinden, die von sich und ihrer Arbeit sehr überzeugt waren. Ich habe aber auch viel Angst und Hilflosigkeit wahrgenommen, wenn Gemeinden nicht mehr weiterwussten. Sie haben gemerkt, dass es in der bisherigen Art nicht mehr weitergehen kann, haben aber auch keine Idee, wie es stattdessen laufen soll.

Wie in vielen Bereichen hat die Pandemie auch die Schwierigkeiten in der Gemeindelandschaft verstärkt. Die Gemeinschaftsbewegung trägt einen entscheidenden Wert im Namen: Gemeinschaft. Kontaktbeschränkungen und Ausfall von Veranstaltungen reduzierten Begegnungen und Austausch. Mir persönlich und vielen anderen hat es viel ausgemacht, nicht mehr in gewohnter Form Menschen zu treffen und ins Gespräch zu kommen.

Es wird sich noch zeigen, welche Folgen sich aus der Pandemie für die Gemeinden insgesamt, aber auch im Einzelnen ergeben. Aus meiner Sicht scheint es ratsam, sich hierzu langfristig Gedanken zu machen und nicht nur kurzfristig Wege zu finden, Gottesdienste veranstalten zu können. Wie können wir Gemeinschaft leben? Wie können wir Bewegung sein? Wie können wir Menschen begegnen? Welche Antworten haben wir auf die Fragen dieser Zeit? Meiner Meinung nach sind dies nicht nur Fragen für das Gemeindeleben nach der Pandemie.

Aus dem Beschriebenen ergibt sich für mich auch die Frage nach der Rolle und Arbeit der Hauptamtlichen. Ist wirklich schon durchgedrungen, dass es sinnvoll ist, gabenorientiert zu arbeiten? Manchmal habe ich den Verdacht, dass es mehr ein Lippenbekenntnis ist als die Realität. Bei ehrenamtlich Mitarbeitenden wird gesagt, dass es erstrebenswert ist, dass sie ihre Gaben und Fähigkeiten einbringen können und nicht nur für unbesetzte Dienste eingespannt werden. Für Hauptamtliche scheint es manchmal einen entgegen gesetzten Ansatz zu geben. Zum Beispiel sollen sie sich möglichst viel in Mitarbeitende investieren, auf der anderen Seite sollen sie selbst sehr aktiv sichtbar sein. Vielleicht liegen darin auch Gründe, dass sich immer weniger Menschen für den Beruf entscheiden oder sich nach ein paar Dienstjahren umorientieren?

Ich glaube, dass wir an einigen Punkten mutiger sein dürfen. Konkret könnte es bedeuten, dass viel mehr experimentiert werden darf oder innovativere Formen gelebt werden können?

Was wäre, wenn wir uns weniger vom Wachstumsmantra leiten lassen? Nicht, dass ich etwas gegen Wachstum hätte. Ganz im Gegenteil. Ich liebe es, Menschen wachsen zu sehen. Es ist göttliche Gnade, wenn Menschen tieferes Vertrauen zu Jesus gewinnen. Wenn sie den Mut haben, sich mehr und mehr auf ihn zu verlassen. Es ist ein Geschenk, wenn sich Leute für den Glauben öffnen und wenn sie sich auf Gemeinden einlassen.

Ich glaube jedoch, dass ein „höher, schneller, weiter" auf Dauer nicht guttut. Es geht nicht darum, größere Gebäude zu bauen, mehr Klicks zu generieren oder Erfolg in Zahlen zu messen. Es geht vielmehr um die Menschen, und zwar nicht in ihrer Anzahl, sondern in ihrer Einzigartigkeit. Entscheidend ist nicht, wie viele Personen unsere

Veranstaltungen besuchen oder wie viele Aufrufe unsere Videos haben. Entscheidend ist, was zwischen den Veranstaltungen passiert. Leben wir das, was der Apostel Paulus im Brief an die Galater, Kapitel 5, als Früchte des Geistes bezeichnet? *Liebe, Freude, Friede, Geduld, Freundlichkeit, Güte, Treue, Sanftmut, Selbstbeherrschung.* Darin gilt es zu reifen. Dazu brauchen wir Gottes Gnade und Barmherzigkeit. Wenn wir diese Tugenden in der Kraft Gottes leben, dann wird es auch Auswirkungen auf uns selbst, auf unser Umfeld und auf die Gemeinden haben. Dann geht geistliche Vollmacht nicht von einem Amt aus, sondern Gottes Kraft wirkt im einzelnen Menschen.

20. Introversion ist eine Stärke

Es kostet mich ein wenig Überwindung, diesen Punkt anzusprechen. Wenn ich schreibe „Introversion ist eine Stärke“, dann rede ich zunächst zu mir selbst. Viele Jahre habe ich dieses Merkmal meiner Persönlichkeit als Schwäche angesehen. Eine lange Zeit davor war mir überhaupt nicht bewusst, dass ich introvertiert bin. Ich war lediglich etwas zurückhaltend und brauchte zwischendurch mal etwas Ruhe. Schließlich bin ich nordisch by nature. Da gehört es zur Grundausstattung, ein cooles Temperament zu haben.

Seitdem ich in Gemeinden arbeite, weiß ich, dass Introversion auch eine Herausforderung sein kann. Ich liebe es, mit anderen Menschen auf dem Weg zu sein. Ich mag die Begegnungen und den Austausch. Ich freue mich, wenn mir Leute aus ihrem Leben erzählen und mir so Anteil daran geben. Darin steckt für mich ein großer Schatz und riesiger Gewinn.

Ich gehöre aber nicht zu den Menschen, die die Begegnung mit anderen Menschen brauchen, um ihre Akkus aufzuladen. Ich würde jedoch auch nicht behaupten, dass Menschen mich grundsätzlich Kraft kosten. Für mich gilt der Spruch: In der Ruhe liegt die Kraft. Ich brauche einfach Zeiten, in denen ich ungestört bin. Ich brauche einen Ort, an dem ich mal allein sein und zur Ruhe kommen kann.

Ohne es geistlich überhöhen zu wollen, glaube ich, dass Jesus auch introvertierte Anteile hatte. Ich möchte ihn nicht als Introvertierten vereinnahmen. Aber auch Jesus suchte immer wieder Momente des Alleinseins. Er suchte das persönliche Gespräch mit Einzelnen. Er investierte seine Kraft und Zeit in einige wenige Menschen. Er hatte wenige enge Freunde.

Natürlich war Jesus auch in großen Gruppen anzutreffen. Er hat beeindruckende Reden vor vielen Menschen gehalten. Er ist mit Vollmacht aufgetreten, ist für Schwache eingetreten und hat sich Ungerechtigkeit und Selbstgerechtigkeit entgegengestellt.

Es gibt Introvertierte. Menschen, die Ruhe brauchen. Es gibt Extrovertierte, die Ruhe und allein sein kaum ertragen können. Und es gibt Menschen dazwischen, die Ambivertierten. Bei allen sind die Merkmale unterschiedlich stark ausgeprägt.

Wenn ich davon ausgehe, dass Gott sich den Menschen mit unterschiedlichen Charaktereigenschaften erdacht hat, dann schließe ich daraus, dass es okay ist, intro-, ambi- oder extrovertiert zu sein. Wenn das so ist, dann glaube ich, dass Gott die verschiedenen Menschen auch in Gemeinden zusammenbringt. Dann bin ich davon überzeugt, dass jede und jeder einen Platz und eine Aufgabe hat, die nicht allein am Temperament hängt.

Introvertierte bewegen sich viel in der inneren Welt der Gedanken. Sie haben die angeborene Fähigkeit, Sachverhalte zu durchdenken, abzuwägen und differenzierte Entscheidungen zu treffen. Sie nehmen Unstimmigkeiten wahr. Sie merken, wenn verschiedene Dinge nicht zusammenpassen. Introvertierte haben ein Interesse an Tiefe. Sie haben Durchhaltevermögen und können lange an einer Sache dranbleiben. Alle diese Fähigkeiten werden in Gemeinden gebraucht, und zwar auch in der Leitung.

Ich habe lange ein anderes Bild eines idealen Leiters gehabt. Ich dachte an Menschen, die sehr nach außen gekehrt sind, die offensiv auf Menschen zugehen und die Aufmerksamkeit aller auf sich ziehen.

Diese Vorstellung und Erwartungen an einen Pastor ist mir bei meiner Stellensuche immer wieder mal begegnet. Ich kann es auch nachvollziehen, weil es der sichere Weg zu sein scheint. Wenn wir einen Pastor anstellen, der allein durch seine nach außen gerichtete Art und sein Auftreten Interesse bei Menschen weckt, dann zieht es Menschen an. Dann wird der Pastor zur Attraktion.

Diese Fixierung auf das Äußerliche könnte ein Zeichen der Not sein, wie ich sie im vorherigen Kapitel beschrieben habe. Sie ist kein neues Phänomen. Ich kann mir jedoch vorstellen, dass der wachsende Einfluss der sozialen Medien diese Tendenz verstärkt. Dort geht es viel darum, etwas zu präsentieren. Die schönen und glanzvollen Seiten sollen gezeigt werden. Grafikprogramme und Filter helfen, noch besser auszusehen. Wir lernen dadurch, dass es notwendig ist, attraktiv zu sein und etwas Bedeutendes darzustellen.

Ich halte es für ungesund, nur auf das Äußere zu sehen, und sich davon leiten zu lassen. Wir brauchen Leitungen, die den Mut haben, vom Potenzial des Einzelnen und der Gemeinde insgesamt her zu denken und zu handeln. Wir brauchen Gemeinden, die mehr auf Gottes Möglichkeiten vertrauen als auf das, was Menschen leisten können. Das Heil liegt nicht in Menschen gegründet, sondern in Jesus Christus.

Ich glaube, dass sowohl Introvertierte als auch Extrovertierte in dem Maß gute Leiter sein können, wie sie bereit sind, sich ergänzen zu lassen, ihre Gaben kennen und einbringen, sowie mutig und vertrauensvoll ihre Überzeugungen leben und sich in der Gegenwart Gottes bewegen.

21. Ein Blick auf die Familie

Wir leben in einem Land, in dem vieles gut funktioniert. Ich sehe zwar, dass soziale Spannungen wachsen und unsere Gesellschaft in Zukunft vor neue Herausforderungen stellen. In Deutschland zu leben, bedeutet aber in einem der reichsten Länder der Welt zu leben.

Als Familie wohnen wir schön. Wir können den Kühlschrank immer wieder auffüllen. Wir können zu Ärzten gehen. Wir können uns ein Auto leisten. Ich bezog Arbeitslosengeld und meine berufliche Fortbildung wurde finanziert. Unsere Kinder erhalten gute Schulbildung. Wir sind privilegiert.

Wenn ich über unsere Herausforderungen schreibe, dann weiß ich, dass sehr viele Menschen mit anderen Problemen zu kämpfen haben - global gesehen und auch in Deutschland.

Uns als Familie war im Hintergrund immer klar, dass es irgendwann einen Wechsel geben wird. Natürlich ist es kein permanent vorherrschendes Gefühl gewesen. Wir gestalten unser Leben an dem Ort, wo wir leben. Es entstehen Kontakte. Die Kinder besuchen die Schule. Dadurch sind wir nicht dauerhaft auf dem Absprung. Aber alle wussten, dass der Tag kommen wird, an dem wir weiterziehen werden. Es ist Teil meines Berufes. Meine Frau und meine Kinder müssen da mitmachen. Nicht, dass wir meinem Beruf alles unterordnen. Aber wir leben gemeinsam.

Ich bin mir auch dessen bewusst, dass ich besonders meinen Kindern viel abverlange. Sie haben sich dieses Leben nicht aussuchen können. Meine Frau und ich haben geheiratet als ich bereits Theologie studierte. Sie hatte zumindest eine Ahnung davon, was auf sie zukommen würde. Sie erduldet es nicht, sondern sie hat nach wie vor ein Ja zu diesem Leben.

Als Eltern versuchen wir, Entscheidungen zu treffen, die gut und förderlich für unsere Kinder sind. Wir möchten unser Leben und unseren Glauben authentisch und glaubhaft vorleben. Wir wünschen uns, dass unsere Kinder spüren, dass wir sie lieben und wollen ihnen hilfreiche Werte vermitteln.

Ich weiß, dass wir in alledem auch versagen. Wir sind bestimmt nicht fehlerfrei.

Mir ist klar, dass wir unseren Kindern durch meinen Beruf auch zumuten, sich aus ihrem gewohnten Umfeld zu lösen und an einem anderen Ort neu anzufangen. Je älter die Kinder werden, desto größer wird diese Herausforderung.

Als wir unseren Kindern mitgeteilt haben, dass wir umziehen werden, haben wir keine Begeisterungsstürme geerntet. Stattdessen gab es erst mal viele Tränen. Dabei blutet auch das Herz von uns Eltern, die eigenen Kinder in dieser Weise zu erschüttern.

Wir hatten einen Plan. Wir wollten im Sommer 2020 wechseln, um auch der Schulsituation der Kinder gerecht zu werden.

Nachdem wir unsere Entscheidung zu wechseln offiziell in der Gemeinde kommuniziert hatten, stand auch für die Kinder die Frage im Raum, wann sie ihre Freundinnen darüber informieren. Diese Frage hat ebenfalls einige innere Kämpfe ausgelöst. Sie mussten ja selbst erst mit der neuen Situation fertig werden. Sie wollten die Information aber auch nicht erst kurz vor dem Umzug weitergeben.

Als die Kündigungsfristen für Sportverein und Musikschule näher rückten, mussten wir diese ebenfalls über den bevorstehenden Umzug in Kenntnis setzen.

Meine Frau habe ich immer sehr stark in die Überlegungen zu Ausschreibungen und Angeboten einbezogen. Sie hat den Stellenmarkt intensiv beobachtet und im Internet Gemeinden und Umfeld erkundet. Viele Gespräche zwischen uns beiden drehten sich um die Wechselthematik. Neben der Frage, ob die Anforderungen der Gemeinde mit meinen Wünschen und Gaben zusammenpassen, ging es um diverse andere Punkte. Können wir uns vorstellen in dieser Region zu leben? Sind passende Schulen in erreichbarer Nähe? Wie ist die Wohnsituation vor Ort? Dabei hatten wir ein Idealbild. Gleichzeitig war uns klar, dass nicht alle Punkte zu 100 Prozent erfüllt werden können. Trotzdem muss es eine so hohe Übereinstimmung geben, dass wir uns als Familie vorstellen können, über einen längeren Zeitraum am neuen Ort zu leben.

Die Kinder haben wir jeweils erst informiert, wenn ich zu Gesprächen unterwegs war. Wir wollten bei ihnen nicht zu früh Hoffnungen wecken.

Es fiel uns selbst schon schwer genug, bei jeder neuen Option die Fragen immer wieder neu zu durchdenken und die Möglichkeiten auszuloten. Es war auch nicht so einfach, damit umzugehen, dass sich über lange Strecken nichts Konkretes abgezeichnet hat, auf meine Anfragen kein Interesse signalisiert wurde oder Absagen kamen.

Ab dem Frühjahr 2020 erschwerte die Pandemie die Gesamtsituation. Neben Neuorientierung und Stellensuche mussten wir auch damit umgehen. Nicht nur, dass Kontakte beschränkt wurden und Veranstaltungen abgesagt wurden. Es entstand eine wachsende Unsicherheit. Im Laufe des gesamten Prozesses wurde immer deutlicher, dass für viele Gemeinden und Hauptamtliche die Zukunft immer unberechenbarer wurde. Dadurch gab es sehr wenig Bewegung im Wechsel-Karussell. Abwarten war auf beiden Seiten das Motto.

Alle diese Dinge spielten zusammen und verdichteten sich im Laufe der Zeit. Wir als Familie mit unseren Wünschen und Plänen, die Gemeinden mit ihren Vorstellungen, sowie die gesellschaftlichen Gegebenheiten durch Corona.

Oft war es ein Wechselbad unterschiedlicher Stimmungen und Gefühle. Immer wieder keimte Hoffnung auf. Dinge entwickelten sich. Wir waren aktiv und gestalteten den Prozess mit. Dann gab es im Gegenzug Ungewissheit und Enttäuschungen.

Für meine Frau entstand die Frage, was sein würde, wenn es noch länger dauern würde. Was würde dies für sie und uns als Familie bedeuten?

Sie hatte Anfang 2020 angefangen, die ersten Umzugskisten mit Weihnachtsdekoration und anderen Sachen zu packen. Als wir an Pfingsten entschieden, zu bleiben, standen bereits 25 gepackte Kartons im Keller. Sie bereitete sich schon auf den Umzug vor, musste dann aber doch bleiben. Das fühlte sich an, wie ausgebremst zu werden. Sie stellte sich auf etwas Neues ein, was es noch nicht gab. Die Hoffnung auf etwas Neues war da, konnte aber noch keinen Raum gewinnen. Es entstanden

Frustration und Unsicherheit. Enttäuschungen reißen emotionale Löcher und die Hoffnung schwindet.

Das machte auch etwas mit unserem Glauben. Wir fragten uns und Gott, welche Pläne er für uns hat. Die Situation hat uns neu herausgefordert, auf Gott zu vertrauen. In dieser Herausforderung zeigt sich auch, welches Gottesbild wir haben. Ist Gott wirklich zu vertrauen? Hat er wirklich gute Gedanken und Pläne? Oder geht er mit uns einen harten Weg? Müssen wir erst am Boden liegen, damit Gott sich als Retter zeigen kann?

Solche Fragen haben meine Frau und ich auch diskutiert. Wir haben gemerkt, dass in angespannten Zeiten die eigene Prägung deutlich wird. Wir mussten uns auch gegen Zerrbilder von Gott stellen, die seine Güte, Gnade und Treue nicht ausreichend berücksichtigen. Das ist nicht einfach, wenn du schwimmst und kein Land siehst.

Trotzdem haben wir uns festgehalten an den Versprechen von Gottes Hilfe. Wir haben darauf vertraut, dass er für uns ist und gute Gedanken für unser Leben hat.

Für unsere Kinder war es ebenfalls eine angespannte Zeit. Sie haben nicht alle unsere inneren Kämpfe erlebt. Sie hatten aber ihre eigenen. Auch sie konnten sich noch nicht auf etwas Neues einstellen. Ihre Fragen danach, ob ich schon etwas Neues wisse, musste ich oft verneinen. Ich habe ihnen erklärt, dass ich sie informiere, wenn es konkreter wird. Sie wollten doch auch wissen, wo sie in Zukunft leben und welche Schule sie besuchen werden.

Ich bewundere meine Kinder sehr dafür, dass sie trotz all dieser Erfahrungen tapfer geblieben sind. Ich bin dankbar, dass sie diesen Weg mitgegangen sind, auch wenn es für sie oft wie ein Blindflug gewesen sein muss.

22. Der Wechsel

Im Februar 2021 hatten wir noch keine neue Perspektive.

Ich habe inzwischen fast sechs Monate Fortbildung hinter mir. Alle Studienhefte sind bearbeitet. Die letzte von zehn Einsendeaufgabe habe ich abgesendet und warte auf die Bewertung. Eigentlich stünde Mitte Februar noch ein fünftägiges Seminar an. Dieses wurde allerdings wegen der Corona-Beschränkungen um zwei Monate verschoben.

So langsam sollten wir in Bezug auf den Stellenwechsel voran kommen. Ein Umzug mit einem sechs-Personen-Haushalt braucht immerhin etwas Vorbereitungszeit. Eine Wohnung müsste gesucht werden. Wir müssten uns um die Schulen kümmern und vielleicht auch noch ein paar Renovierungsarbeiten leisten, bevor der eigentliche Umzug stattfinden könnte. Das alles geht nicht von heute auf morgen. Auch die Gemeinde braucht Zeit für die Entscheidungsprozesse.

Ich schaue mir den Stellenmarkt an und drucke drei Anzeigen aus, die mir bereits vorher aufgefallen waren. Sie sind alle drei unterschiedlich, sowohl von der Region als auch vom Gemeindeprofil und den Anforderungen. Ich hatte mich bisher nicht entschließen können, mich dort zu bewerben. Irgendwie fühlte ich mich etwas blockiert. Ich wollte nur ernsthafte Bewerbungen abschicken. Für pauschale Initiativen oder Testballons fehlten mir die Zeit und die Kraft. Außerdem wollte ich mir nicht noch eine Absage einhandeln. Das hätte mir in dieser Phase nicht gutgetan.

Ich steckte die drei Ausschreibungen ein, packte noch ein paar andere Sachen dazu und fuhr für einen Tag ins Wochenendhäuschen meiner Schwiegereltern im Wald. In unregelmäßigen Abständen nutze ich diese wunderbare Möglichkeit, um für ein oder zwei Tage zur Ruhe zu kommen und Zeiten der Stille und Besinnung zu gestalten.

Dort im Wald feuerte ich den Kamin an und nutzte die Zeit dafür, in der Bibel zu lesen und zu beten. Ich nehme mir immer auch einige andere Bücher mit. Diesmal hatte ich zusätzlich die drei Stellenausschreibungen dabei. Ich wollte Klarheit gewinnen. Was genau hinderte mich, dafür Bewerbungen zu schreiben? Sind diese Gründe berechtigt? Oder könnte sich ein Weg ergeben?

Im Laufe des Tages zeichnete sich ab, was die einzelnen Anzeigen bei mir auslösten.

Eine Stelle war in einer sehr schönen Region. Arbeiten wo andere Urlaub machen. Das hätte mir gefallen. Allerdings war es nur eine Teilzeitstelle und der Umfang der Arbeit wirkte dafür derart unrealistisch, dass es mich abschreckte.

Die andere Gemeindearbeit hätte vom Anforderungsprofil durchaus gepasst. Mein Eindruck von der Prägung der Gemeinde hielt mich aber auch hier von einer Bewerbung zurück. Mein Gefühl sagte mir, dass es nicht funktionieren würde. Wir hätten uns zu sehr aneinander gerieben und wären nicht glücklich geworden.

Die dritte Anzeige klang bei näherem Hinsehen ganz interessant. Es gab einige Punkte, die mich durchaus reizen würden. Allerdings entstand der Eindruck, dass auch dort jemand gesucht wird, der sich in der Kinder- und Jugendarbeit engagiert. Trotzdem spürte ich ein Interesse.

Als ich wieder zu Hause war, telefonierte ich mit einem Bekannten. Er ermutigte mich, mich beim Verantwortlichen zu melden und meine offenen Fragen zu klären. Das tat ich. Wir hatten ein gutes Gespräch am Telefon und ich beschloss, eine Bewerbung zu senden.

Relativ bald danach erhielt ich eine positive Rückmeldung und eine Einladung zu einem Vorstellungsgespräch. Allerdings konnte das Gespräch aus terminlichen Gründen erst sechs Wochen später stattfinden. In meine Freude über die Einladung mischte sich ein wenig Frust. Es würde sechs Wochen Stillstand bedeuten. Ich befürchtete, dass uns die Zeit wegläuft. Aber so war es nun mal. Es gab triftige Gründe, dass der Termin nicht früher angesetzt werden konnte. Einer davon war, dass ich Mitte April noch das Praxisseminar meiner Fortbildung besuchen wollte. Somit war erneut Warten angesagt.

Während dieser Wartezeit entdeckte ich eine frische Stellenausschreibung. Ich nahm Kontakt auf, schrieb wieder eine Bewerbung und wurde kurzfristig eingeladen, mich vorzustellen. Ich erhielt auch einige Unterlagen, in denen weitere Informationen über die Gemeinde standen. Aus ihnen konnte ich entnehmen, dass geplant ist, ein Café als Begegnungszentrum einzurichten. Natürlich klang da bei mir sofort mein Wunsch an, in einer Gemeinde zu arbeiten, die ein Begegnungs- und Kulturcafé betreibt.

Ich absolvierte dann hintereinander die eine Vorstellung, das Seminar und die zweite Vorstellung. Es war wirklich intensiv. Aber ich war froh, dass diese Termine stattfinden konnten.

Bei allen drei Treffen hatte ich angenehme Begegnungen. Es galt, die vielen verschiedenen Eindrücke aufzunehmen und zu verarbeiten. Alles hinterließ bei mir einen positiven Eindruck.

Das Coaching-Seminar lag in der Mitte dieser Sandwich-Tage. Trotz der strikten Hygienemaßnahmen entstand schnell eine Offenheit unter uns Teilnehmern. Wir lernten viel und die praktischen Übungen waren intensiv und tiefgehend. Obwohl es so eine schöne und starke Zeit war, hatten die Bewerbungen für mich in diesen Tagen mehr Bedeutung.

Nach beiden Vorstellungsterminen wollten die Verantwortlichen den nächsten Schritt im Verfahren mit mir gehen. Wieder freute ich mich über die positiven Rückmeldungen. Ich selbst konnte mir ebenfalls bei beiden Stellen vorstellen, zu einem Gottesdienst zu fahren. Beide Gemeinden hatten auf mich einen positiven Eindruck gemacht.

Wir vereinbarten Termine - wieder an aufeinanderfolgenden Sonntagen - an denen ich mich den Gemeinden im Gottesdienst vorstellen wollte. Es war auch möglich, dass wir als Familie daran teilnehmen.

Wir fuhren als Familie zum ersten Termin und schauten uns bei der Gelegenheit die Gemeinderäume und die Dienstwohnung an. Der Gottesdienst fand Open Air statt. So hatten viele die Möglichkeit, daran teilzunehmen. Ich fühlte mich sehr wohl mit meinen Eindrücken dieses Tages. Ich spürte große Lust, in dieser Gemeinde und mit diesen Menschen zu arbeiten.

Die Gemeindeleitung hatte offensichtlich ein ähnliches Empfinden. Bereits zwei Tage später erhielt ich eine Zusage und wurde zum neuen Hauptamtlichen berufen. Diese Berufung habe ich sehr gerne angenommen.

Mir erschien es unsinnig, nun auch noch den anderen Vorstellungstermin wahrzunehmen. Es wäre mir eigenartig und unfair vorgekommen. Schließlich hatte ich die Entscheidung schon getroffen. Ich rief den Verantwortlichen an und sagte ab. Er zeigte Verständnis und war dankbar für meine zeitnahe Rückmeldung.

Auf einmal ging es also ganz schnell. Seit mehr als zweieinhalb Jahren bereitete ich mich auf einen Wechsel vor. Und jetzt lagen zwischen Bewerbung und Zusage gerade mal sechs Wochen.

Verrückt. Unglaublich. Irgendwie unwirklich.

23. Zug guter Letzt

Da war doch noch was.

Der Zug.

Ich wusste lange nicht wofür er steht, obwohl ein Wechsel in Bezug auf den Zug einer der ersten Impulse war.

Gerade am Anfang habe ich über die Bedeutung nachgedacht. Doch die Überlegungen liefen ins Leere. Nichts schien wirklich zu passen. Ich vermutete zwischenzeitig, dass es vielleicht um die Nähe zum Bahnhof ging. Es ergab jedoch keinen Sinn.

Dadurch, dass ich mit dem Baum und dem Zug zwei Bilder gesehen hatte, war allerdings angedeutet, dass es nicht bei der Dürre bleiben würde. Es musste noch etwas Anderes dazu kommen.

Die Bedeutung des Zuges erschloss sich mir, als ich die Studienhefte der Coaching-Ausbildung bearbeitete. In einer Grafik zum Thema „Ängste und Bedürfnisse“ war ein Schnellzug abgebildet. Daneben stand das Wort „Wechsel“. Ich sah das Bild und spürte, dass dies die Bedeutung sein könnte. Nach dem Dürrejahr wird es einen Wechsel geben. Der Zug stand abfahrbereit und wartete bis seine Zeit gekommen war.

Dieser Zeitpunkt war noch zwei Jahre vor dem voraussichtlichen Abitur unserer ältesten Tochter. Es ist zwar ein Jahr später als von uns gedacht, aber immer noch rechtzeitig.

Mich begeistert Gott in seiner Treue. Er hat mir zur richtigen Zeit ein Bild geschenkt, das mich auf ein Dürrejahr vorbereitete. Gleichzeitig hat er die Hoffnung auf Perspektive gezeigt. Es sollten Früchte wachsen und es würde nach diesem Jahr einen Wechsel geben.

Auch wenn ich es nicht sofort verstanden hatte, war es doch so, dass es mich begleitet und getragen hat.

Dieses Jahr war wirklich ein Jahr der Dürre. Wir waren durch meine Arbeitslosigkeit herausgefordert. Oft konnten wir nicht sehen, wie es für uns weitergehen sollte. Hoffnungen wandelten sich in Enttäuschungen. Wir konnten immer nur einen Schritt nach dem anderen gehen und dabei den Zusagen Gottes vertrauen.

In diesem Jahr der Dürre sind Früchte gewachsen. Neben dem, was sich in unserer Persönlichkeit weiterentwickelt hat, habe ich eine Fortbildung absolviert, die ich schon immer gerne machen wollte. Ich habe eine Stelle gefunden, die mir entspricht und auf die ich richtig Lust habe. Und ich habe dieses Buch geschrieben, von dem ich hoffe, dass es Ihnen ein Gewinn geworden ist.

Am Ende überwiegt eine große Dankbarkeit.

Ich möchte daher nicht versäumen, mich bei allen zu bedanken, die meine Familie und mich in dieser Zeit in jeglicher Hinsicht unterstützt haben.

Vielen Dank!

Ihr seid ein Segen!

Printed in Poland
by Amazon Fulfillment
Poland Sp. z o.o., Wrocław

22102543R00058